Only one
method of survival
in the cruel world
Akira Tachibana

残酷な世界で生き延びるたったひとつの方法

橘玲

幻冬舎

目次

恐竜の尻尾のなかに頭を探せ！ 253

イラストレーション　太田マリコ
ブックデザイン　鈴木成一デザイン室

残酷な世界で生き延びるたったひとつの方法

はじめに

この世界が残酷だということを、ぼくは知っていた。

この国には、大学を卒業したものの就職できず、契約やアルバイトの仕事をしながら、ネットカフェでその日暮らしをつづける多くの若者たちがいる。

就職はしたものの、過労死寸前の激務とストレスでこころを病み、恋人や友人にも去られ、果てしのない孤独に落ち込んでいくひともいる。

東京と高尾を結ぶ中央線はいまや自殺の名所で、リストラで職を失ったり、困窮の果てに生きる意欲をなくした中高年によってダイヤは始終混乱している。

小学生がいじめで自ら生命を絶つかたわらで、「品格」を説く老人たちは日本国の莫大な借金に怯え、年金を払えと大合唱している。

いまや誰もがいい知れぬ不安を抱え、グローバル資本主義や市場原理主義を非難し、迷走をつづける政治に不満を募らせている。国家は市場に対してあまりにも無力で、希望は永遠に失われたままだ。

十五年くらい前、新宿に巨大なダンボールハウスの集落があった。その頃ぼくは人生の危機を迎えていて、新宿駅で降りるたびに、西口改札前広場や、東京都庁への地下道や、新宿中央公園のホームレスを眺めて長い時間を過ごしたこともあった。

そのうちぼくは、ほかにも同じようなひとたちがいることに気がついた。彼らはくたびれたスーツを着ていたり、工務店や運送会社の制服姿だったり、りゅうとした身なりの紳士だったりした。目を合わすことも、口をきくこともなかったけれど、ぼくたちはみな同じ空間を共有していた。その空間は、恐怖に満たされていた。

ぼくはホームレスに興味があったわけでも、彼らのためになにかしたいと思っていたわけでもない。ただ、自分がなぜ彼らに引き寄せられるのかを知りたかっただけだ。ほんのささいなきっかけで金銭も愛情も失ってしまえば、あとは彼らの隣人として生きていくほかはない。

それと同じ恐怖が、いまや日本じゅうを覆っている。それについてぼくがなにか語れるとしたら、その匂いを知っているからだ。

＊

グローバルな能力主義の時代を生き延びる方法として、自己啓発がブームになっている。ぼくはずっと、自己啓発に惹かれながらもうさんくさいと感じていて、そのことをうまく説明できなかった。能力開発によって、ほんとうにすべてのひとが救われるのだろうか。

自己啓発の福音は、次の四つだ。

①能力は開発できる。
②わたしは変われる。
③他人を操れる。
④幸福になれる。

巷にあふれる自己啓発本では、これらの目標に到達するさまざまな技術（スキル）が解説されている。でもここでは、そうしたノウハウの優劣を評価するつもりはない。

自己啓発は、正しいけれど間違っている。ぼくたちのこころが進化の過程でつくられてきたという新しい考え方が、この不思議を解く糸口を与えてくれる。

といってもこれは、脳科学や進化心理学の本ではない。なぜ自己啓発がこれほどぼくたちを惹きつけ、けっきょくは裏切るのか。ぼくたちはどうしていつも不幸なのか。そして、世界はなぜこれほどまでに残酷なのか。その理由を、誰にでもわかるように説明してみたい。もちろん、専門知識はいっさい不要だ。

自己啓発の伝道師たちは、「やればできる」とぼくたちを鼓舞する。でもこの本でぼくは、能力は開発できないと主張している。なぜなら、やってもできないから。

人格改造のさまざまなセミナーやプログラムが宣伝されている。でも、これらはたいてい役には立たない。なぜなら、「わたし」は変えられないから。

でも、奇跡が起きないからといって絶望することはない。ありのままの「わたし」でも成功を手にする方法（哲学）がある。

残酷な世界を生き延びるための成功哲学は、たった二行に要約できる。


伽藍《がらん》を捨ててバザールに向かえ。

恐竜の尻尾のなかに頭を探せ。


なんのことかわからない？　そのヒミツを知りたいのなら、これからぼくといっしょに進化と幸福をめぐる風変わりな旅に出発しよう。

最初に登場するのは、〝自己啓発の女王〟だ。

序章

「やってもできない」ひとのための成功哲学

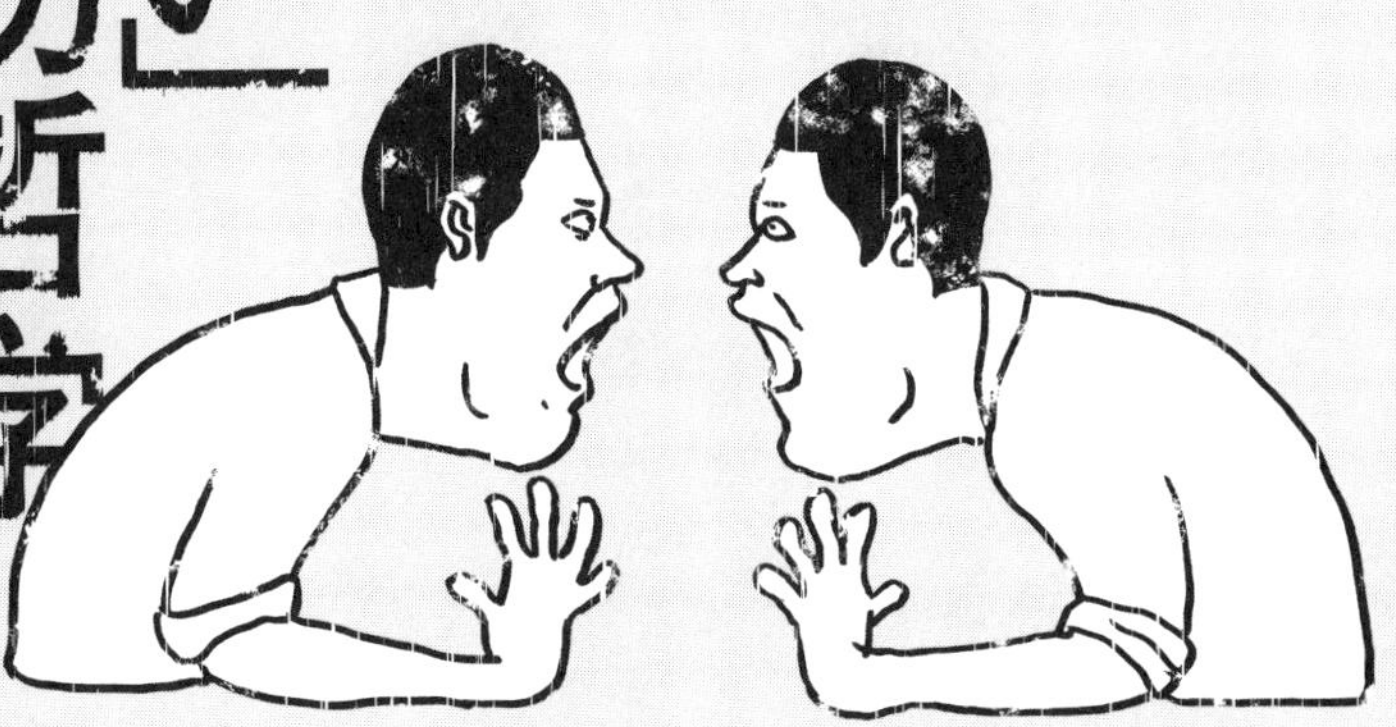

停滞と貧困が日本社会に暗い影を落とす二〇一〇年、経済評論家・勝間和代（カツマー）と精神科医・香山リカ（カヤマー）のバトルが社会現象になった。

論争の経緯は、すでによく知られている。最初に香山が『しがみつかない生き方』（幻冬舎新書）で「勝間和代を目指さない」とケンカを売り、三五〇分に及ぶ二人の「激論」が本になり（『勝間さん、努力で幸せになれますか』〈朝日新聞出版〉）、勝間が『やればできる』（ダイヤモンド社）という反論を出した。帯には、「香山リカさんの『しがみつかない生き方』を読み、正直、迷ってしまっているあなたに」とある。

勝間×香山論争は、それだけを読んでもじつはあまり面白くない。二人の議論がほとんど噛み合っていないからだ。しかしその背後には、能力主義やグローバル資本主義や市場経済における自由と平等といったきわめて現代的なテーマが隠されている。

最初に断っておくけれど、ぼくは勝間、香山両氏とは一面識もなく、二人の議論に勝ち負けをつけるつもりもない。なぜこの論争を取り上げるかというと、それが自己啓発の時代を読み解く格好の機会を与えてくれるからだ。

ゼロ年代のカリスマ

二〇〇六年にはじめてメディアに登場してから、勝間和代はまたたく間にゼロ年代を代表するカリスマへと駆け上がった。その広範な活動のすべてをカバーするのは無理だから、ここでは、本人自ら「私の原点」という『勝間和代のインディペンデントな生き方 実践ガイド』（ディスカヴァー携書）を例に挙げよう。

この本では、二十代から三十代の女性に向けて、「インディペンデントな生き方」を実践する方法（スキル）が伝授される。この本のインパクトは、「年収六〇〇万円以上を稼げること」という具体的な数字をあげて読者に「自立」を迫ったことだ。

勝間は、女性が年収六〇〇万円を目指す理由を次のようにいう。

- 結婚している場合も、夫や周りから「趣味の仕事」と言われない金額であること。
- 離婚したいと思ったときに、たとえ子どもを持っていても、東京のような都市部でも、自分一人で家を借りて、子どもを育てて、生計が立てられる金額であること。
- 人に自分の仕事を説明するときに、「〇〇のプロ」として誇れる金額であること。

勝間の主張は、きわめて明快だ。お金がなければ、夫に従属して生きるしかない。専門性を持っていないと再就職が難しいから、嫌な仕事（またはセクハラ）にも耐えるしかない。インディペンデントに生きるためには、なによりもお金と能力（専門性）が必要なのだ。

ここで勝間は、「経済的独立がなければ自由もない」という当たり前のことをいっている。これはきわめて真っ当な主張で、「フェミニズムが骨の髄まですり込まれている」香山も間違いなく同意するだろう。市場経済では、自分の手でお金を稼げなければ、夫や会社、国家など、なにかに依存して生きるしかないからだ。

このように考えると、勝間×香山論争のポイントがはっきり見えてくる。

「自立」という目標を共有する二人の意見が真っ向から対立するのは、そこに至る戦略で合意が成立しないからだ。勝間は経済的独立に到達する「近道」として、自らの方法論を次のように定義する。

「努力をすると、より簡単に幸せになれるということです」

そのためには、職場でメンター（師）に教えを乞うてスキルを磨き、コミュニティ・ラーニングの一員になって仲間たちと切磋琢磨し、平日は一日一時間、休日は一日二時間を目安に英語などを学び、速読をマスターして新聞、雑誌、書籍を大量に読むのだという。

香山には、これがガマンできないのだ。

アップルパイと縦列駐車

勝間の「成功哲学」は、簡単にいうと次のようなものだ。

知識社会では、勉強すればするほど幸福になれる。

↓

勉強できないのは、努力する習慣がないからだ。

↓

習慣はスポーツにおけるコツ（仕組み）のようなもので、スキルとして伝達可能だ。

↓

自分を勉強へと追い込む仕組みとスキルを身につければ、誰でも努力を習慣化できる。

↓

努力が習慣化すれば、それが報酬を生んでますます努力するようになる。

↓

こうして、すべてのひとが努力によって幸福になれる。

この論理が正しいとするならば、努力したいのにできないのは仕組みが間違っているからだ。上手に努力するには、正しい習慣を身につけさえすればいい。

そこで勝間は、こうアドバイスする。

目標（TOEIC七三〇点以上をクリアして海外出張する）を設定し、努力を習慣にするために自らルール（帰宅してから最低一時間、英語を勉強する）を課す。それが実行できないときは、別の仕組み（高額の教材を買ってモチベーションを高める）で自分を自然に追い込んでいく。でも、それでも努力できなかったら……。

勝間は、努力が成果（TOEICの点数が五〇点上がる）を生めばプラスのスパイラル効果を生んで、「勉強がわくわく楽しくなる」という。でもこの理屈では、努力できないのはすべて自分の責任になる（だって、誰でもできるはずのことだから）。頑張ってもダメなひとはさらに頑張るしかなく、失敗と自己懲罰の果てしない蟻地獄に落ちていく。こうして、勝間本を素直に信じた真面目な女性たちがこころを病んでいくのだと香山は批判する。

もちろんこれは、勝間にとっていわれなき批判だ。彼女は他人の何十倍も努力していて、その素晴らしさを説くために本を書き、その本を読んで集まってきた読者を、「努力していっしょに幸せになりましょう」と励ます。努力するかしないかは本人の自由なのだから、「あなたのせいで不幸になった」というのはただの逆恨みだ。

勝間は、料理教室でアップルパイをつくったり、自動車教習所で縦列駐車を教えるように、幸せになるための〝レシピ〟や〝技術〟を教えているだけだ。ナショナリズムや共産主義のような政治主張があるわけでもなく、特定の宗教を伝道しているのでもない。勝間にとっての「幸せ」とは、「洗濯物がパリッとなったり、お皿がピカピカになったり」「ご飯を食べて『ああ、おいしい』と思う」ことで、お金を稼ぐ目的は、一個三〇〇円のマカロンをホームパーティでみんなに出して喜んでもらうためなのだ（『勝間さん、努力で幸せになれますか』）。

だとすれば香山の異議申し立ては、ただの空回りなのだろうか。勝間個人に対しては、おそらくそうだろう。二人の対話を読むと、なぜ自分が批判されるのかわからず困惑する勝間の様子がありありと伝わってくる。

だがその〝言いがかり〟が、勝間のスキルの核にある自己啓発に向けられているのなら話は別だ。自己啓発は縦列駐車のような生活技術ではなく、ひとつの強固なイデオロギーだからだ。

社会進化論を信じた大富豪

アンドリュー・カーネギーはスコットランド移民の息子で、南北戦争の時代に鉄道事業を興し、後に製鉄事業で大きな成功を収めて「鉄鋼王」と呼ばれた。カーネギーはその晩年、一人の若い新聞記者と出会い、体系的な成功哲学の本を書くよう勧めた。若者はその依頼を引き受け、二十年の歳月をかけて五〇〇人の成功者にインタビューし、それを『Think and Grow

Rich（考えてお金持ちになる）』という本にまとめた。若者の名前はナポレオン・ヒル。彼の著作は、日本では『思考は現実化する』（きこ書房）と題されて自己啓発書の定番となった。

カーネギーは六十代で自身の製鋼会社を売却すると、「富を持って死ぬことは不名誉である」として残りの人生を慈善事業に捧げ、ニューヨークにカーネギーホールを建て、ピッツバーグにカーネギー技術学校（現在のカーネギーメロン大学）を設立した。その一方で、適者生存を社会の原理とする社会進化論の熱烈な信奉者としても知られていた。

社会進化論はダーウィンの進化論を人類社会に当てはめたもので、十九世紀イギリスの哲学者ハーバート・スペンサーが唱え、当時のヨーロッパやアメリカの知識層に広く受け入れられた。スペンサーは、生物が爬虫類や両生類といった単純なものから哺乳類となり、サルやチンパンジーからヒトに進化したように、人類の文明も単純で野蛮なものから高度な西欧文明に向けて進化すると考えた。そして、アフリカやアジアや新大陸の原住民たちは未開で劣っているのだから、進歩的自由主義者たるヨーロッパ人は、彼らが正しい「進化」の道を歩むよう教導する義務があるとした。

この社会進化論がアメリカで大流行した理由は、当時の指導層にきわめて好都合だったからだ。

アメリカは、ヨーロッパからの入植者がネイティブアメリカン（インディアン）の土地を略奪し、アフリカから安価に輸入した奴隷を酷使して築きあげた人工国家で、その現実は「自由と平等」の理想にはほど遠いものだった。

建国の英雄の一人ベンジャミン・フランクリンは、「すべての黒人や黄色人種を排除することによって、愛すべき白人や北米インディアンを増やすチャンスを順調に得ているアメリカに、なに故にアフリカの息子どもを移民させ、増やすのか」と、有色人種の排斥を主張した。

第三代大統領トーマス・ジェファーソンは、「黒人は初めから異なった人種であるにせよ、時間や環境によって異なったものになったにせよ、ひょっとしたら肉体的にも精神的にも白人よりその資質が劣っているのではないか、と私は提言したい」と述べた。

奴隷解放のために南北戦争をたたかったはずのエイブラハム・リンカーンですら、「白人と黒人の間には肉体的相違があり、そのため、社会的、政治的平等の名の下に一緒に生活することは永久にできないであろう」と有権者の前で力説し、さらには私的なメモに、「黒人の平等性だって！　ごまかしだ！」と書きなぐった（スティーヴン・J・グールド『人間の測りまちがい』〈河出書房新社〉）。

しかしながらその一方で、彼らは黒人と白人を別の人種だと表立っていうわけにもいかなかった。いちばんの問題は、聖書に「すべての人間はアダムとイヴから生まれた」と書かれていることだった。そこでキリスト教徒の人種差別主義者たちは、人間はエデンの完璧さから退化の途上にあり、黒人は白人に比べて退化の度合いが大きいという奇妙な説を唱えざるをえなかった。それ以外にも、人種別にアダムとイヴがいるという「人種多起源論」もあったが、聖書の教えに反するとしてあまり評判がよくなかった。

ところが社会進化論は、人種差別の〝原罪〟に苦しむ啓蒙的で進歩的なアメリカ知識層に強力な免罪符を与えた。西欧社会こそがもっとも進化した文明ならば、未開の原住民やアフリカの黒人たちを「啓発」することは自分たちの使命であり、それによって人類社会の理想が実現するのだ。大富豪の慈善家カーネギーは、この〝お伽噺《とぎばなし》〟に魅了されたアメリカ主流派白人の一人にすぎなかった。

自己実現という神の宣託

ハーバート・スペンサーは、貧しい階級や劣った人種は生物学的に適者ではないので、慈善家が彼らを救済することは社会の進化を妨げることになると主張した。ここから、「適者」でない者に子孫をつくらせないことで進化の促進を目指す優生学が生まれた。

〝鉄鋼王〟カーネギーや〝自動車王〟ヘンリー・フォード（フォード自動車創業者）、〝石油王〟ジョン・ロックフェラー（スタンダード石油創業者）などの富豪たちは、社会進化論を経済に当てはめ、市場には適者生存の競争原理がはたらいていて、優れた会社が生き残り劣った会社は淘汰されるとして、自らの並外れた成功と天文学的な蓄財を正当化した。

だが二十世紀に入ると、社会進化論はその凶悪な側面を露呈するようになる。

ヒトラーはアーリア人こそがもっとも「進化」した民族だと主張し、その遺伝形質を守るために〝劣等な〟ユダヤ人やロマ人（ジプシー）の大量殺戮を行なった。マルクスは史的唯物論に社会進化論を取り入れ、経済法則によって資本主義は必然的に共産主義へと「進化」すると論じたが、その理想を体現した共産主義（社会主義）国家では、スターリン時代の大粛清や毛沢東の文化大革命、ポルポトの虐殺などによって数千万人が生命を落とした。

このようにして社会進化論は歴史の舞台から追放されたが、その一方で、新聞や雑誌に「経営の進化」や「成功の遺伝子」などの文字を見ない日がないように、洋の東西を問わず俗流進化論はあらゆる社会に浸透していった。社会進化論的世界観はいまも米国社会に深く根づいていて、大多数のアメリカ人は、自然（市場）の摂理によって敗者は淘汰される運命にあり、社会が不平等なのは当たり前で、努力しない貧者を救済することは有害だと考えている。「適者生存」の社会では、努力しない者に生きていく資格はない。これを弱肉強食の市場原理主義ととらえれば、香山の感じた嫌悪の正体が見えてくるだろう。

もちろんぼくはここで、勝間が社会進化論に賛同しているといっているわけではない。多くの著作で共生や格差解消を唱えていることも知っている。しかしその一方で勝間は、自らの「信念」「哲学」として、誰もが大きな可能性を持っていることと、その可能性を訓練（スキルアップ）によって開発できるという自己啓発の理念を繰り返し述べている。そしてこのふたつの前提から、必然的に「努力」という道徳的な義務が導き出される。状況を改善する可能性があって、その目標に到達できるのに、それをやろうとしないのは自分や社会に対する裏切り行為だからだ。

自己啓発のイデオロギーは、ぼくたちに「自己実現」という神の宣託を告げる。

ひとは無限の可能性をもっている。
↓
人間の潜在的な能力は、教育や学習、訓練によって開発できる。
↓
教育と訓練によって自己実現した主体が、世界を理想に向けて進化させる。

そこにあるのは、ひとも社会も「進化」するというポジティブで理想主義的な超越思想だ。

香山は、「努力したくないひとがいてもいいじゃないか」と勝間にいう。しかし勝間は、そんなひとがいることを理解できない。喉が渇けば水を飲むのが当たり前なのに、「水を飲みたくない権利を認めろ」というひとが現われたら誰だって戸惑うだろう。勝間の困惑は、おそらくはこれに近いんじゃないだろうか。

このようにして二人の議論は、永遠にすれちがったままだ。

一卵性双生児の再会

生まれてすぐに里子に出された一卵性双生児が三十九年ぶりに再会した。一九七九年のアメリカ、オハイオ州での出来事だ。養親はルイス家とシュプリンガー家で、偶然、二人とも同じジェイムズ（ジム）という名前をつけられた。

それまでいちども会ったことがなかったのに、ジム・ルイスとジム・シュプリンガーのあいだにはさまざまな類似点があった。

二人ともやや高血圧気味で、半日もつづくひどい片頭痛に悩まされていた。学校の成績はそれほどよくなく、一人は高校一年で中退、もう一人も落第すれすれの成績を取りつづけていた。

しかし類似点は、それだけではなかった。

この再会を報じた地元紙によれば、二人とも車はシボレーを運転し、ヘビースモーカーで銘柄はセーラム。改造カーレースが好きで野球は嫌い。そればかりか二人とも離婚歴があり、最初の妻の名はどちらもリンダで、二番目の妻はどちらもベティ、一方は長男をジェイムズ・アラン(Alan)、他方はジェイムズ・アラン（Allan）と名づけた。さらに飼い犬の名前はどちらもトイだった。

もちろんこの話はできすぎで、眉つばなところもある。ひねくれた見方をすれば、二人は子ども時代からこっそり連絡を取り合っていて、新聞記者を騙して世間を驚かせようと企んだのかもしれない。犯罪調査のように証言の裏づけを取るわけにはいかないから、真偽のほどは誰にもわからないのだ。

しかし二人のジム以外にも、同じような不思議な話がいくつも出てきた。たとえば三十八歳のときにはじめて再会したイギリスの一卵性双生児（女性）は、二人とも指に七つの指輪をはめて、もう片方に複数のブレスレットをし、息子をアンドリュー・リチャードとリチャード・アンドリュー、娘をキャサリン・ルイーズとカレン・ルイーズと名づけていた。

ユダヤ人の父親とドイツ人の母親のあいだに生まれた一卵性双生児のオスカーとジャックの例はさらに衝撃的だ。オスカーはドイツの祖母に引き取られ、ヒトラーユーゲント（ナチスの青少年組織）で育てられた。ジャックはユダヤ系の父親の元に残り、イスラエルのキブツにいたこともあった。これほど生育環境が違うのに、二人が空港で再会したときはどちらも口ひげをはやし、メタルフレームの眼鏡をかけ、両肩に肩章のついたアーミー風のスポーツシャツを着ていた。さらに二人ともトイレを使う前に必ず水を流し、輪ゴムを腕にはめる癖があり、雑誌をうしろから読んだ。

こうした奇妙なエピソードの数々は、身長や体重のような身体的な特徴だけでなく、知能や性格などの「こころ」も遺伝することを強く示唆している。

一卵性双生児は受精卵が偶然に二つに分かれたのだから、二人の子どもは完全に同じ遺伝子を持っている。そして世界のどの地域でも、同じ子どもは二人いらないという理由から、しばしば別々に育てられた。同じ遺伝子を持ちながら異なる環境で育った彼らは、遺伝と環境が知能や性格にどのような影響を及ぼすのかを知る格好の研究対象だ。

さらに双子のなかには、ふたつの独立した受精卵から生まれた二卵性双生児もいる。彼らは兄弟・姉妹と同じく五〇パーセントの遺伝子を共有しているだけだが、母親の子宮も含めまったく同じ環境で育ってきた。そこで一卵性双生児と二卵性双生児を比較することでも、遺伝と環境の影響を客観的に計測できる。

こうした研究によれば、身長や体重のような身体的特徴の類似性は一卵性が二卵性を大きく上回っており、遺伝の影響がはっきりわかる。知能や学業成績のような認知能力に関しても、環境より遺伝の影響の方がずっと大きい。しかしもっとも顕著なのはこころの病で、情緒障害や自閉症、統合失調症、うつ病などは明らかに遺伝性だ。

行動遺伝学のさまざまな研究成果から、現在では、身体的特徴だけでなく知能や能力、性格なども遺伝することがわかってきた。それも遺伝の影響は、ぼくたちが考えるよりはるかに大きいのだ。

こころは遺伝するのか？

遺伝が人生に及ぼす影響は誰でも知っている。ぼくがイチローのような野球選手になろうとしても不可能なのは、努力が足りないのではなくて、そもそも運動選手としての遺伝的適性がないからだ。これは当たり前のことだし、なんの問題もない。

知能が遺伝することはみんななんとなくわかっているけれど、こちらはちょっと微妙だ。経済格差の議論では、「貧しい家の子どもは高い学歴を得る機会が与えられないから、非正規社員になるしかない」と生育環境が問題にされる。論理的には、「知能の低い親からは知能の低い子どもが生まれる確率が高い」という理由から経済格差を説明することもできるはずだが、こんな暴論を主張するひとは日本にはいない（アメリカでは、黒人と白人の知能指数のちがいが統計的に計測されている）。

性格が遺伝するという話になると、さらに事態はややこしくなる。教師が生徒に注意したときに、「態度が悪いのは遺伝だからオレのせいじゃねえよ」といわれたら教育自体が成立しない。ぼくたちの社会では、個人の自覚や生育環境によって性格はゼロからつくりあげられることになっているのだ。

ところでなぜ、身体的な特徴や運動能力の遺伝が当然のこととされていて、知能や性格の遺伝ははげしい抵抗にあうのだろうか。遺伝情報が「運動」「知能」「性格」とジャンル分けされているわけではないのだから、あれもこれもまとめて親から子へと伝わるというほうがずっとありそうだ。

じつはこれは、「遺伝」が科学ではなく政治問題だからだ。

ぼくたちの社会では、スポーツが得意ならうらやましがられるけれど、運動能力が劣っているからといって不利益を被ることはない。音楽や芸術などの才能も同じで、ピアノが弾けたり絵がうまかったりすることは生きていくうえで必須の条件ではない。

それに対して知能の差は、就職の機会や収入を通じてすべてのひとに大きな影響を与える。誰もが身に沁《し》みて知っているように、知識社会では、学歴や資格で知能を証明しなければ高い評価は得られないのだ。

もしそうなら、知能が遺伝で決まるというのは不平等を容認するのと同じことになる。政治家が国会で、行動遺伝学の統計を示しながら、「バカな親からはバカな子どもが生まれる可能性が高く、彼らの多くはニートやフリーターになる」と発言したら大騒動になるだろう。すなわち、知能は「政治的に」遺伝してはならないのだ。

遺伝には、知能よりももっと深刻な問題を社会にもたらすものもある。

「精神障害者の子どもは精神障害になりやすい」というのは疫学的には否定しがたい事実だけれど、これを公の場でいうことは精神障害者差別として厳しく禁じられている。医学雑誌などの専門誌や遺伝学の研究書には当たり前のこととして書いてあるのに。
「犯罪者の子どもは犯罪者になりやすい」といえば、不謹慎どころかそれ自体が犯罪とされる。しかし最新の脳科学では、扁桃体の萎縮や前頭葉の低代謝によって行動の先見性がなくなったり、道徳的な問題が考えられなくなることがわかっている。サイコパス（性格異常）は脳の機能的な欠損で、明らかに遺伝するのだ（スティーブン・ピンカー『人間の本性を考える』〈NHKブックス〉）。

誰だってこんなことは認めたくないから、都合の悪いことはすべて環境のせいにしようとする。だからぼくたちのまわりには、「政治的に正しい」主張があふれている。知能には遺伝的な要素があるだろうけど、教育によって向上できる。犯罪が遺伝するなんてもってのほかで、ひとが犯罪者になるのは環境のせいに決まっている（貧困とか、幼少期の虐待による心的外傷とか）。

でもこれは、ほんとうだろうか。

知能の七〇パーセントは遺伝で決まる

アメリカの教育心理学者アーサー・ジェンセンは、一九六九年に知能（IQ）と遺伝の関係を調べ、知能の七〇パーセントは遺伝によって決まると主張した。ジェンセンによれば、知能は記憶力（レベルⅠ）と概念理解（レベルⅡ）に分けられ、レベルⅠの知能はすべての人種に共有されているが、レベルⅡの知能は白人とアジア系が、黒人やメキシコ系（ヒスパニック）に比べて統計的に有意に高く、黒人の子どもたちに特別学習プログラムを提供しても知能を引き上げることは難しいと示唆した。

ジェンセンの研究は全米に憤激の嵐を巻き起こし、差別主義者、人種論者のレッテルを貼られ、大学の研究室にはデモ隊が押しかけ、暗殺されかねないほどの非難を受けた（ジェンセンは白人の優位性を主張したのではなく、概念的な理解においては白人よりもアジア系の方が優秀なこともデータで示した）。

〝ジェンセン・スキャンダル〟以来、知能と遺伝はもっとも論争を呼ぶ行動遺伝学のテーマになった。スティーヴン・グールドなどの批判者が指摘するように、初期の研究には統計の詐術やデータの偏り、さらにはデータの捏造まであり、とうてい「科学」とはいえなかった。

だが現在では、行政機関から一卵性双生児や二卵性双生児、養子などの一般性の高いサンプルが提供され、それを統計的に解析処理することで客観的な計測が可能になった。

相関係数は、ゼロから1の範囲で類似性を表わす指標だ。相関係数1なら両者は完全に一致し、ゼロならまったく無関係だ。一卵性双生児、二卵性双生児、兄弟姉妹から血縁のない養子まで、多様なサンプルのＩＱを検査し、相関係数を計測することで、血縁間で知能がどの程度似ているかを知ることができる。

もちろんどんな検査でも、個々のケースではかなりのばらつきが生じる。他人なのによく似ていることや、兄弟なのにぜんぜん似ていないこともあるだろう。だがデータの数が十分に多ければ、ばらつきが平均化されてはっきりした傾向が見えてくる。

過去に発表されたＩＱと血縁の研究を総合すると、遺伝的な関係が近いほど相関性が高いことがきれいに示される。知能と遺伝子の相関がもっとも高いのが同居の一卵性双生児（相関係数〇・八六）で、別々に育った一卵性双生児（〇・七二）の知能は、同居の二卵性双生児（〇・六〇）よりもずっと似ている。知能の七〇パーセントが遺伝で決まるとしたジェンセンの研究は〝スキャンダル〟ではなく、いまやその正しさが科学的に証明されているのだ（安藤寿康『心はどのように遺伝するか』〈講談社ブルーバックス〉）。

子どもの成長に子育ては関係ない

標準的な発達心理学では、知能や性格のちがいのほぼ五〇パーセントは遺伝によるもので、残りの五〇パーセントが環境の作用だと考えられている。この「環境」とは、いうまでもなく親の育て方のはずだ。

ところがこの〝子育て神話〟も、いまや科学的な検証を迫られている。子育ては、子どもの成長になんの関係もないかもしれないのだ。

ザ・ピーナッツからマナカナまで、一卵性双生児はよく似ているけれどお互いのコピーではなく、性格も趣味嗜好もちがう独立した個人だ。その相関係数を計ると、だいたい〇・五程度になる（半分くらいしか似ていない）。

ところがここに、とても不思議なことがある。どのような統計調査でも、同居の一卵性双生児の相関係数は、養子に出されて別々に育った一卵性双生児の相関係数とほとんど変わらないのだ。彼らはまったく同じ遺伝子を持っているのだから、性格のちがいは環境しかない。ところが同じ親に育てられても、別々の家庭で育っても、その差を見分けることはできない。なぜこんなことになるのだろう。

在野の心理学研究者ジュディス・リッチ・ハリスは、誰もが身近に知っていてもこれまで気づかなかった、コロンブスの卵のような疑問を思いついた。

東欧やアラブやアジアからたくさんの移民が幼い子どもを連れてアメリカにやってくる。親は英語をほとんど話さず、子どもには母国語で話しかけ、家庭の宗教的・文化的雰囲気は彼らが祖先から受け継いだままだ。それでも子どもたちは、一年もたたないうちに流暢なアメリカ英語をしゃべるようになり、やがて母国語を忘れ、思春期になる頃には完璧なアメリカ人に成長する。

同じような現象は、聾者の両親を持つ子どもだともっとはっきりする。親が聴覚障害者でも、九割の子どもはなんの問題もなく生まれてくる。聾者の子どもは親からはいっさい言葉を教えられないけれど、ほかの子どもたちと同じように言葉を覚え、そのちがいはまったくわからない。

こうしたさまざまな事例から、ハリスはきわめて独創的で、かつ説得力のある仮説を提唱した。すなわち、**子どもの成長に親は必要ない**のだ。

これについては後でもういちど触れるけれど、ハリスは、子どもの性格の半分は遺伝によって、残りの半分は家庭とは無関係な子ども同士の社会的な関係によってつくられると考えた。ひとは（チンパンジーも）生まれ落ちたときから、年齢のちかい子ども集団に同化することで性格（パーソナリティ）を形成するよう遺伝的にプログラミングされている。だから子どもは、親や大人たちではなく、自分が所属する子ども集団の言語や文化を身につけ、同時に、集団のなかでの自分の役割（キャラ）を目立たせようと奮闘するのだ（『子育ての大誤解』〈早川書房〉）。

集団への同化と集団内での分化によって形成された性格は、思春期までには安定し、それ以降は生涯変わらない。ぼくたちは長い進化の歴史のなかで、いったん獲得した性格を死ぬまで持ちつづけるよう最適化されている。

信じる信じないは別として、ここまでの遺伝学や心理学の「発見」をまとめてみよう。

①知能の大半は遺伝であり、努力してもたいして変わらない。

②性格の半分は環境の影響を受けるが、親の子育てとは無関係で、いったん身についた性格は変わらない。

もしこれがほんとうだとしたら、努力することにいったいなんの意味があるのだろう。

「やってもできない」成功哲学

自己啓発は、ひとがみな無限の能力を持っていて、知能や性格が教育（学習と訓練）によって開発できることを前提にしている。これは勝間の「信念」であり「哲学」でもある。それに対して行動遺伝学は、遺伝的な影響を教育で変えることはできないという大量のデータを積み上げている。いったいどちらを信じればいいのだろう。

勝間の主張は、香山の批判を受けて自ら書いた本の題名に端的に表われている。

やればできる。

だが行動遺伝学は、次のようにいう。

やってもできない。

もうちょっと正確にいうと、適性に欠けた能力は学習や訓練では向上しない。「やればできる」ことはあるかもしれないけれど、「やってもできない」ことのほうがずっと多いのだ。

こちらが正しければ、努力に意味はない。やってもできないのに努力することは、たんなる時間の無駄ではなく、ほとんどの場合は有害だ。

ぼくは専門家ではないから、遺伝学や心理学、脳科学の最新の研究に照らしてどちらが正しいのかをここで、証明することはできない。でもこれは、宇宙が膨張したままなのか、いずれ収縮を始めるのかという類の科学論争とはわけがちがう。ぼくたちの人生に大きな影響を与える以上、誰もがなんらかの判断をしなければならない。

本書では、リチャード・ドーキンス(『利己的な遺伝子』)やダニエル・C・デネット(『ダーウィンの危険な思想』)、スティーブン・ピンカー(『人間の本性を考える』)らにならって、〝不都合な真実〟を受け入れることにしたい。知能や性格は〝運命〟のようなもので、努力によっては変わらないのだ。

正直にいうと、最初はぼくもこの「不道徳」な考え方にすごく反発した。

努力が無意味なら、いったいなにを支えに生きていけばいいのか。知能や性格が遺伝によって決まるなら、人生に希望なんか持てるはずがない。だったらたとえウソでも、「自分は変われる」と信じていたほうが幸福なんじゃないか……。

だがピンカーは、こころは環境によっていくらでも変わると強弁するひとたちに向かっていう。

「もしも自由や平等や道徳や愛情など、大切な価値のすべてが〝こころは遺伝しない〟という仮説に拠っているのなら、この仮説が科学的に否定されてしまえば、人類はすべての価値を失ってしまう。だったら〝こころは遺伝する〟という事実を認め、そのうえで公正で公平な社会の仕組みを考えたほうがずっといい」

本書の立場もこれと同じだ。

もしもぼくたちの人生が「やればできる」という仮説に拠っているならば、この仮説が否定されれば人生そのものがだいなしになってしまう。それよりも、「やってもできない」という事実を認め、そのうえでどのように生きていくのかの「成功哲学」をつくっていくべきなのだ。

第1章 能力は向上するか？

1 「やってもできない」には理由がある

デキスギくんは学校でいちばん頭がいい。ジャイアンは身体が大きくて野球が得意だ。シズカちゃんはピアノが上手で、のび太くんはちょっと頼りないけどとてもやさしい。このように子どもたちは、みんないいところを持っている。だったらそれを、ちゃんと評価してやればいいじゃないか。

ドラえもんのことはきっとなにも知らないだろうけれど、アメリカの認知心理学者で教育学の大家でもあるハワード・ガードナーも同じことを考えた。彼はこれを「多重知能（MI＝Multiple Intelligences）の理論」と呼んだ。

ガードナーによれば、知能は身長や体重のように単純な検査で測定可能なものではない。ところはさまざまなモジュール（部品）が組み合わされてできていて、それぞれのパーツがお互いに影響し合っている。『MI：個性を生かす多重知能の理論』（新曜社）において、ガードナーは人間に固有の八つの知能と一つの候補を挙げている。

①言語的知能：言葉への感受性（詩人、小説家）。目標を達成する際に言語を用いる能力（政治家）。
②論理数学的知能：問題を論理的に分析したり、数学的に処理する能力（科学者、コンサルタント）。
③音楽的知能：音楽的パターンを取り扱う能力（音楽家）。
④身体運動的知能：問題解決のために身体を使う能力（運動選手、外科医、技術者）。
⑤空間的知能：広い空間のパターンを認識して操作する能力（パイロット、建築家）。
⑥博物的知能：世界を分類して理解する能力（博物学者）。
⑦対人的知能：他人の意図や欲求を理解する能力（教師、セールスマン、俳優、宗教家）。
⑧内省的知能：自分自身を理解し、自分の生活を効果的に統制する能力。
⑨実存的知能：宗教的・神秘的体験を位置づける能力（宗教家、芸術家）。暫定的に提案された。

ガードナーの説によれば、デキスギくんは言語的知能と論理数学的知能に優れていて、ジャイアンは身体運動的知能、シズカちゃんは音楽的知能に秀でている。一見、なんの取り得もなさそうなのび太くんも、高い対人的知能を持っている。ひとに共感する能力があったからこそ、ドラえもんはのび太くんのところにやってきたのだ。

図1-1

四万年先の曜日を当てる双子

「多重知能」を視覚化すると、図1－1のようになる。

もちろんガードナーの分類が正しいと科学的に証明されたわけではない。でも近年の脳科学のさまざまな知見から、知能がモジュール化されていることはかなりわかってきた。交通事故や脳溢血などで脳組織に物理的な障害が生じると、ほかの知能を完全に維持したままで言葉が話せなくなったり（失語症）、文字が読めなくなったりする（失読症）。知的障害と診断されながら、特定の領域で驚異的な知能を持つことだってある（サヴァン症候群）。

脳神経科医のオリヴァー・サックスは、ジョンとマイケルという双子の兄弟の驚くべき能力について報告している。

彼らは二十六歳で、IQが六〇しかなく、自閉症、精神病、重度の精神遅滞などと診断されていた。事実、簡単な足し算や引き算も満足にできなかったが、「カレンダー計算機」として知られていた。適当な日にち（四万年前でも、四万年先でも）を彼らに告げると、

図1-2

論理数学的知能

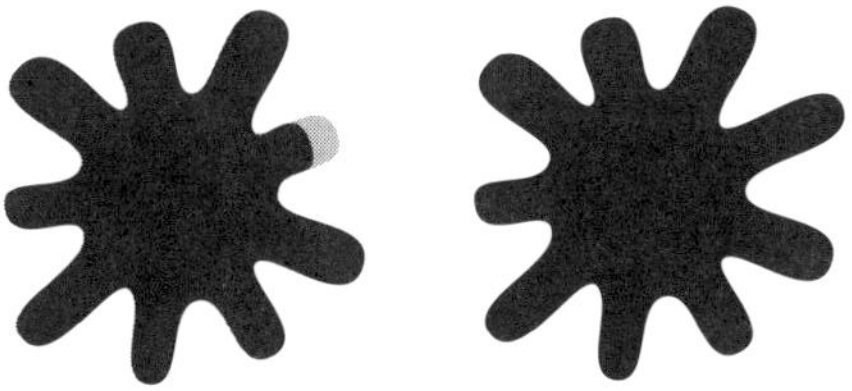

ジャイアン　デキスギくん

ほとんど瞬間的にそれが何曜日であるかのこたえが返ってくるからだ。

ある日サックス博士は、彼らが素数を交換するという二人だけのゲームで遊んでいることを発見した。素数は一とその数自身しか約数のない正の整数で、当時の数表には十桁の素数までしか載っていなかった（素数を見つけるのはコンピュータを使っても難しかった）。それなのにこの兄弟は、暗算だけで二十桁の素数をやりとりしていたのだ（『妻を帽子とまちがえた男』〈ハヤカワ文庫ＮＦ〉）。

この奇妙な現象を説明できる仮説はひとつしかない。論理数学的知能のうちのある部分は、ほかの知能からは完全に独立しているのだ。

好き嫌いはなぜ生まれるのか？

ぼくたちはいろいろな知能を持っていて、それは親から遺伝するけれど、教育によって伸ばすこともできる。これはとても穏当な仮説で、反対するひとはほとんどいないだろう。

図1－2は、デキスギくんとジャイアンの論理数学的知能を比較したものだ。デキスギくんは生まれつき高い能力を持っていて、ジャイアンはそうでもない。でも知能は教育によって伸びるのだから、毎日、居残りの補習に出て、塾に通って夜中まで勉強すれば試験の点数だって上がるだろう。

その結果、ジャイアンはデキスギくんと同じ成績を取ることができる（灰色の部分が、ジャイアンが努力によって獲得した算数の能力だ）。「やればできる」という教育神話は、こういう美しい物語を前提にしている。でも残念なことに、現実にはこんなことは起きない。

子どもはみんな、集団のなかでいかにして目立つかという熾烈な争いをしている。仲間の注目を集める方法はたくさんあるけれど、勝者は限られている。そうなるとジャイアンは、勉強が自分にとって有利なゲームではないことにすぐに気づくはずだ。補習や塾で時間をつぶすよりも、得意な野球に集中したほうがずっといい。そもそも子どもの世界では、勉強ができるよりもスポーツが得意なほうがずっと尊敬されるのだ。

おそらくこれは、意図的な選択ですらないだろう。子どもは無意識のうちに集団のメンバーを比較観察して、もっとも有利な（いちばん目立てる）能力を伸ばそうとする。だからジャイアンは、知らないあいだに野球が好きに、勉強が嫌いになる。これは生理的な感覚なので、自分がなぜ勉強が嫌いなのかはわからない（だから、勉強しても頭に入らない）。

同じような理由で、デキスギくんは野球でジャイアンに対抗しようとは考えず、算数のテス

図1-3

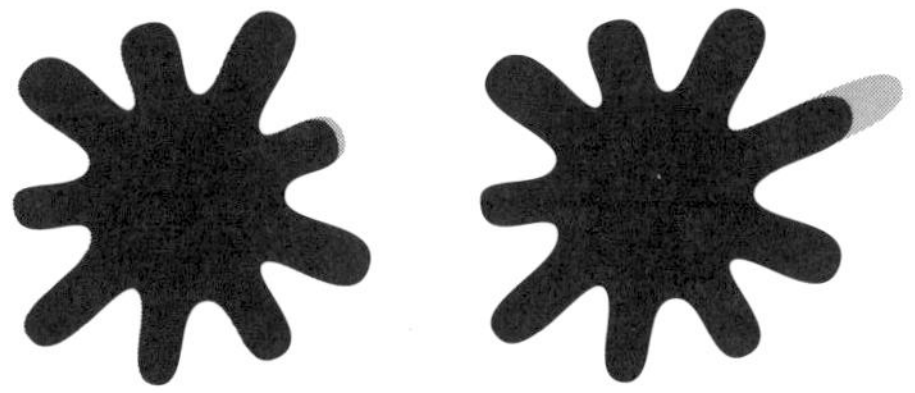

トで満点を取ろうと頑張るだろう。それによって親や教師から誉められ、シズカちゃんからも尊敬してもらえるのだから、デキスギくんにとっては努力は割に合うのだ。

その結果、デキスギくんとジャイアンの論理数学的知能は図1－3のようになるはずだ。二人がそれぞれ合理的な選択をしたことによって、初期値のちょっとしたちがいが大きな差となって表われるのだ。

ぼくたちが複数の知能を持っていたとしても、そのすべてを教育によって伸ばせるわけではない。時間も資源も限られているのだから、仲間との競争に勝って異性を獲得し、自分の遺伝子を残そうと思えば、もっとも得意なものに資源を集中するのが最適な戦略なのだ。

このようにしてデキスギくんは弁護士に、ジャイアンはプロ野球選手になり、シズカちゃんは歌手としてデビューして、いちばんの理解者であるのび太くんと結婚して幸福に暮らしましたとさ。めでたしめでたし――という話には、残念ながらならない。

電脳空間の原始人

ぼくたちの暮らす市場経済のルールは、「働いてお金を稼がないと生きていくことはできない」というものだ。労働市場という大きなマーケットがあって、会社や取引先や消費者が各自の資力や能力（品質やサービス）に応じてお金をやりとりする。

ところがここに、大きな問題がある。市場は、いろんな知能を平等に扱うわけではないのだ。身体運動的知能や音楽的知能は、衆に抜きん出て優れていないと誰も評価してくれない。ジャイアンがゴジラ松井みたいな大リーガーになったり、シズカちゃんがアムロみたいな人気歌手になれば富と名声が手に入るだろうけど、会社の野球チームでホームランを打ったり、カラオケ大会で優勝するくらいじゃなんの役にも立たない。

それに対して言語的知能や論理数学的知能は、他人よりちょっと優れているだけで労働市場で高く評価される。デキスギくんはノーベル賞を取るような天才科学者にはなれないかもしれないけど、医者や弁護士、大学教授、エリートサラリーマンとして安定した生活を送ることができるだろう。

人類の祖先はおよそ六百万年前にチンパンジーとの共通祖先から分岐した。現生人類と同じホモ・サピエンス・サピエンスが登場したのは十万年から十五万年前、中東や中国で農耕が始まったのが一万五千年くらい前で、産業革命からはまだ二百五十年しか経っていない。その長い歴史の大半を、ヒトは狩猟採集民として生きてきた。

知能というのは、ヒトが進化の過程を生き延びるために発達させてきたものだ。だからいまでも、木の実を採集したり、獲物を捕獲するのに有利なように最適化されている。

トラやライオンなどの捕食者から身を守り、自らも有能な狩猟者になるには、身体が大きく、身体運動的知能と空間的知能が発達していることが必須だ。でもぼくたちの暮らす高度資本主義社会では、こうした能力はあまり高く評価してもらえない。遺伝子は、コンピュータネットワークが網の目のように張りめぐらされ、貨幣や商品・サービスが地球規模で交換される世界に適応するように設計されているわけではないから、これは仕方のないことだ。

原始人の末裔として、ぼくたちはみんな持って生まれた知能に得手不得手がある。ところが市場経済は、そのなかの特定の知能だけを高く評価する。これでは格差社会になるのも当たり前だ。

しかし幸いなことに、いまでは市場の機能を使ってそこそこ平等な社会ができることがわかっている。それを最初に発見したのはデヴィッド・リカードというイギリスの経済学者で、「比較優位」の学説として知られている。

ダメでも生きていける比較優位の理論

子どもの頃から神童とうたわれたデキスギくんは町いちばんの弁護士になって、同時に、町いちばんのタイピストでもある。シズカちゃんは歌手になる夢をあきらめて、タイプの勉強を始めた。

デキスギくんは、法律家としても、タイピストとしても、シズカちゃんを絶対的に上回る(これを「絶対優位」という)。でもデキスギくんは、シズカちゃんを秘書として雇っている。なぜだろう。

法律家としての二人の能力を比較すると、デキスギくんはシズカちゃんより一〇〇倍有能だ。一方タイピストとしては、デキスギくんはシズカちゃんより二倍速く打てるにすぎない。このときデキスギくんにとって、法律の仕事は「比較優位」、タイプの仕事は「比較劣位」にあるという(シズカちゃんは法律もタイプもデキスギくんより絶対劣位だけど、タイプは法律の仕事より比較優位にある)。この場合、デキスギくんは比較劣位にあるタイプをシズカちゃんに任せ、比較優位にある法律の仕事に集中することでずっと大きな利益を手にすることができる(このことは簡単な数学で証明できるけど、直感的にもわかるだろうから割愛する)。

シズカちゃんは、法律の知識でもタイプの腕でもデキスギくんに劣っているけれど、タイプにおいては比較優位にある。法律に関してはデキスギくんの一パーセントのことしかできないけど、タイプなら五〇パーセントもできるからだ。このようにしてシズカちゃんは、たとえすべての面でデキスギくんに劣っていても、タイピストの仕事で世間並みに暮らしていける。

このようにしてリカードは、ダメな国（ダメなひと）でも市場経済のなかで立派に生きていけることを証明した。

自由貿易が豊かな国にも貧しい国にも富をもたらすように、自由な労働市場では、能力競争で一番にならなくても、比較優位を活かすことでみんなが仕事を得ることができる。これが、リカードの描いたユートピアだ。

ジャイアンはプロ野球選手になれなかったかもしれないけれど、力仕事を比較優位にできる。何の取り得もなさそうなスネ夫やのび太にだって、ひとつやふたつは比較優位が見つかるだろう。他人より優れている必要はないんだから。

このようにして、収入はデキスギくんより少ないけれど、みんなが自分に相応しい仕事を見つけられる幸福な世の中になりましたとさ。めでたしめでたし——というわけには、やはりいかない。グローバルな労働市場には、人種も国籍もちがうたくさんのジャイアンやのび太やシズカちゃんがいるからだ。

自由貿易は世界を幸福にする

自由貿易がなぜ正しいのかを教えてくれるリカードの比較優位説は、経済学でもっとも重要な理論のひとつだ。すべての国が貿易障壁を撤廃すれば、世界はいまよりもずっと豊かになる。ではなぜ、ほとんどの国が関税や輸入規制で貿易を制限しているのだろう。その理由は、自由貿易が将来的には世界全体の厚生を最大化するとしても、いま生きているすべてのひと（とりわけ先進諸国の労働者）を幸福にするわけではないからだ。

日本がコメの関税を撤廃すれば、海外から安いコメが輸入されて廃業する農家が続出するだろう。アメリカが日本車の輸入規制（名目上は業界団体の自主規制）を行なっていたのは、自動車工場がつぶれて失業者が増えるのを恐れたからだ。誰だって未来の人類の幸福より、いまの自分の生活が大事なのだ。

シズカちゃんはデキスギくんからタイプの仕事を得て、時給三〇〇〇円をもらっていた。だけどもし中国に、シズカちゃんと同じ仕事を時給三〇〇円で引き受ける陳さんがいたとしたらどうだろう。デキスギくんが経済合理的な経営者なら、賃金の安い陳さんに仕事を頼もうと思うはずだ。このようにして労働市場がグローバル化すると、シズカちゃんは仕事を失ってしまう。

自由貿易は豊かな国にも貧しい国にも恩恵をもたらすけれど、すべての国民が一律に幸福になれるわけではない。同様に労働市場の自由化は、すべての労働者に等しく富を分配するわけではない。自由で公正な市場では、同じ能力なら、もっとも貧しいひとがもっとも大きな比較優位を持っているからだ。

労働者版自由貿易の理論とは、簡単にいうと次のようなものだ。

グローバルな市場で労働規制が撤廃されると、貧しい国々の膨大な数のひとたちが比較優位を活かしていまよりずっといい暮らしができる。その一方で、アメリカやヨーロッパや日本の高賃金の労働者は、賃下げやリストラでヒドい目にあう。世界が幸福になったかどうかを知るには、貧しい国で増えた幸福の総量と、豊かな国で増えた不幸の総量を差し引きすればいい。もしも幸福のほうがずっと多いのなら、地球社会全体でみれば、能力主義と市場原理主義はよいことだ——あなたがどうなるかは知らないけど。

理論上は、タイピストの時給はどこの国に発注しても同じになるところで安定する。それが時給一〇〇〇円だとすると、中国の陳さんはいまより三倍以上も豊かな暮らしができる。それに対してシズカちゃんの収入は三分の一になってしまうから、大事なピアノを売って三畳一間の木造アパートに引っ越さないといけない。そんなことになっては困るから、どこの国も労働市場の開放には厳しい制限を設けている。

ところが情報技術（ＩＴ）の発達で、国家の規制はだんだん効果がなくなってきた。いままではデキスギくんは、インターネットで音声データを陳さんに送り、メールで文書ファイルを受け取ることができる。外国人労働者の入国をどれほど取り締まっても、賃金格差があるかぎり仕事は海外へと流出していくのだ。

だったら、「裁判所に提出する書類は日本人がタイプしたものに限る」という法律をつくって、外国人タイピストに仕事を頼めないようにしたらどうだろう。一見、名案に思えるが、こうした極端な保護主義には大きな問題がある。

労働市場が閉鎖されると、タイプのコストが上昇してデキスギくんの利益は少なくなる。それを補うために弁護士報酬が値上げされれば、そのツケは利用者が負担することになるだろう。それと同時に、比較優位を持つ貧しい国のひとびとは豊かになる機会を奪われる。

はたしてこれは、「正義」にかなっているだろうか。

二割の富裕層と八割の貧困層

最初にこの問題に気づいたのは、アメリカを代表するリベラル派の経済学者ロバート・B・ライシュだった。いまから二十年も前に、ライシュは『ザ・ワーク・オブ・ネーションズ』（ダイヤモンド社）で、グローバル化による格差社会の到来が不可避であることを宣告した。

ライシュはグローバリゼーションによって、アメリカ人の仕事がシンボリック・アナリスト・サービス、インパースン・サービス、ルーティン・プロダクション・サービスに三極化すると述べた。でもこれを聞いても、なんのことか理解できるひとはほとんどいないだろう。

ルーティン・プロダクション・サービスというのは、製造業の労働者のことだ。工場に出かけて決められた仕事をするだけなら、世界じゅうどこでもできる。だから彼らは、グローバル化による企業の海外進出によってまたたくまに仕事を失っていく。

インパースン・サービスは、銀行の窓口係やブティックの売り子、飲食店の接客係のような対面で顧客サービスをするひとたちだ。こうした単純労働は移民でもすぐに習得できるので、内なる国際化によって既得権は失われてしまう。

ライシュの推計ではルーティン・プロダクション・サービスとインパースン・サービスに従事するアメリカ人は全労働人口の八割に及び、このひとたちは〝ふたつの国際化〟によって貧困層に転落していく。これは、移民国家アメリカが世界の縮図である以上、避けられない運命みたいなものだ。

しかしその一方で、グローバリゼーションはアメリカに富をもたらす。ハリウッドやディズニーランドが大成功したのは、世界共通のエンターテインメントを生み出したからだ。マイクロソフトやグーグルは、OSや検索のデファクトスタンダード（事実上の標準）を支配することで、わずか数年で世界有数の企業へと成長した。このような〝奇跡〟が可能になるのは、アメリカ（ローカル）での成功をそのまま世界（グローバル）に広げることができるからだ。

シンボリック・アナリストは「シンボル（象徴）を操作するひと」で、独創的なアイデアや技術、高度な知識をグローバル展開できる専門家や芸術家のことだ。でもこの名前はわかりにくいから、ここではもっとシンプルにクリエイティブクラスと呼ぶことにしよう。

冷戦以前は、アメリカのクリエイティブクラスは英語圏の一部だけでビジネスをしていた。ところが市場が地球規模に広がったことで、これまでと同じことをやっていても何倍も儲かるようになった。

このようにしてアメリカは、二割の富裕層（クリエイティブクラス）と八割の貧困層に二極化していく。これが、ライシュの予言した「格差社会」だ。

この残酷な現実に、いったいどのように対処すればいいのだろう。

ライシュは根っからのリベラリストだから、移民規制や関税障壁のような保護主義に与するわけにはいかない。豊かな国から貧しい国への富の移転を阻止することは、差別的で不道徳だからだ。

その代わり彼は、「教育」の重要性を説く。単純労働が国外（あるいは内なる外国）に流出していく以上、アメリカ人労働者はすべからくクリエイティブクラスを目指すべきなのだ。

これはとても良心的な提案だ。豊かな国の労働者がクリエイティブクラスになり、貧しい国の労働者が単純労働を担えば、比較優位の交換によって全世界のひとたちが豊かで幸福になれるにちがいない。

こうしてライシュ以降、格差社会を論ずるひとたちは「教育こそすべて」と大合唱するようになった。もちろん、勝間もその一人だ。

彼らの理想世界では、ジャイアンは教育によってデキスギくんに変身できる。なぜならそれが、道徳的に正しい唯一の選択肢だからだ。

2 能力主義は道徳的に正しい

勝間×香山論争の大きなテーマのひとつが能力主義だ。香山は、努力したくてもできないひとがいることを理由に、能力主義を非人間的な制度として批判する。

「努力もできず、向上できなくても、人は生まれただけで生きる価値や権利がある」（『勝間さん、努力で幸せになれますか』）

これはあまりにも正論すぎて、どんなへそ曲がりでも反論する気すら起きないだろう。

だが勝間は、能力主義が正しいと主張しているわけではない。彼女の論旨は、きわめて明快だ。

「これからの社会が能力主義になるのは避けられないのだから、それに対応したスキルを身につけることができれば、より効率的に幸福になれる」

二人の議論が嚙み合わないのは、香山が能力主義を道徳の問題ととらえるのに対し、勝間が課題を解決するための技術問題と考えているからだ。

ここでのぼくの立場は、勝間とほぼ同じだ。好むと好まざるとにかかわらず、ぼくたちはみんな能力主義の世界で生きていかなくてはならない。だったら、その新しい環境に適応できたほうがいいに決まっている。

でもこれでは、香山の批判にちゃんとこたえたことにはならない。そこで、アメリカの経済学者ゲーリー・ベッカーの人的資本論に基づいて、能力主義が道徳的に正しいということを説明してみよう。でもその前に、「投資とは何か」という話から始めなくてはならない。

投資家たちのリスクゲーム

あなたが一万円を持っていて、それを金利一パーセントで銀行に預けると、一年後には一〇〇円の利息がついて元金は一万一〇〇円になる。いまどき一〇〇円ではジュース一本すら買えないけれど、銀行預金は日本国が一〇〇〇万円まで保護してくれるからあなたのお金は安全だ。すなわちこれは、ローリスク・ローリターンの投資だ。

一方、あなたはその一万円でどこかの会社の株式を購入することもできる。株の値段は会社の業績によって変わるから、一年後には倍の二万円になっているかもしれないし、半分の五〇〇〇円に減るかもしれない。これは、ハイリスク・ハイリターンだ。

金融市場ではこのように、リスク（儲かるか損するかのばらつきの大きさ）とリターン（期待できる儲けの大きさ）は釣り合っている（ことになっている）。リスクを取りたくなければ小さな利益でガマンしなければならないし、どかーんと儲けたければ大きなリスクを取らなければならない（当然、損する可能性も高くなる）。

金融市場がちゃんと機能していれば（効率的ならば）、ローリスク・ハイリターンとかハイリスク・ローリターンのような投資機会は原理的に存在しない。ローリスク・ハイリターンの投資商品はみんなが殺到してリターンが下がるし、ハイリスク・ローリターンなら誰からも見向きもされないから価格が下がってリターンが上がるはずだ。これが効率的市場仮説で、アダム・スミスのいう「見えざる手」のことだ。

投資というのは、金融資本（マネー）を金融市場に投資して利潤を最大化しようとする経済行為だ。でもここで注意しなくてはいけないのは、「投資の成功は儲けた金額の大きさで決まるわけではない」ということだ。

金融市場でリスクとリターンが釣り合っているのなら、大きなリスクを取った投資家のなかから大儲けするひとが出るのは当たり前だ。こういうひとが「株で一億円儲ける」みたいな本を書くのだけれど、これは「宝くじ必勝法」と同じでまったく役に立たない。宝くじに当せんするかどうかは確率の問題で、大金を当てたごく少数の幸運なひとの背後には、外れくじを引いた圧倒的多数が隠れている。

株式投資もこれと同じで、一六〇〇万円の元手を五年で一〇〇億円にした〝ジェイコム男〟の向こうには、総額で一〇〇億円をすってしまった無数の投資家がいる（その理由は、短期売買では株式投資はゼロサムゲームになるからだが、ここでは詳説しない。興味のある方は拙著『臆病者のための株入門』〈文春新書〉参照)。

一億円の金融資産を持っている投資家は、ほとんどの場合、できるだけ小さなリスクで安定した運用をしたいと考えるだろう。それに対して、わずかな有り金をすべてハイリスクな株式に投資し、資産を倍に増やした投資家が、「オレの方が正しい」と威張ってもなんの意味もない。異なるリスクの投資は、利益という結果だけでは評価できないのだ。

投資家はみんな、自分の置かれた状況から最適なリスクを判断し、その条件で最大のリターンを獲得しようと努力している。これと同じゲームを、ぼくたちは労働市場でも行なっているのだとベッカーは考えた。

近代経済学では、労働は土地や資本と同じ生産要素のひとつに過ぎない。マルクス主義経済学は労働を人間の本質ととらえるけれど、それは資本家によって搾取されている。ところがベッカーは、「労働と投資は同じ」という一見奇妙な主張をした。

日本ではちゃんと評価されているとは言い難いけれど、ベッカーの人的資本論は「働く」というパラダイムを変えた革命的なイデオロギーだ。それはいま、ぼくたちの人生にものすごく大きな影響を与えている。

ぼくたちはみんな投資家で資本家

ベッカーはまず、ひとは誰でも働いておカネを稼ぐ能力を持っていると考える。これが「人的資本」で、ぼくたちはみんな人的資本を労働市場に投資して利潤（報酬）を得ている。

この考え方の優れているところは、ベンチャー起業家やサラリーマンや公務員や自営業者など、さまざまな働き方をリスクとリターンの関係で一律に評価できることだ。労働市場が効率的ならリスクとリターンは釣り合っているはずだから、ハイリスクのベンチャー起業家（ホリエモン）は成功すれば大金持ちになり、ローリスクの地方公務員は安定しているけどかつかつの生活しかできない。これはどちらが正しいという話ではなくて、それぞれの生き方（価値観）の問題だ。

人的資本から得られる利益は、投資と同様に、元本とリスクの大きさで決まる。人的資本（元本）をたくさん持っているひとは、小さなリスクでも十分な利益をあげることができる。逆に人的資本が小さければ、大金を稼ぐには大きなリスクを取るしかない。

資本家と労働者を対立させるマルクス主義経済学では、サラリーマンが企業年金などを通じて株式を保有したり、生命保険やファンドなどの機関投資家が一般大衆から資金を集めて株式市場で運用するという現象をうまく説明できなかった。株式の大半を大衆（年金や機関投資家を含む）が保有しているのなら、資本家（株主）の実体は労働者、ということになってしまう。これでは、敵を捜していたら自分自身にたどり着いたというサイコホラーの世界だ。

ところが人的資本論なら、この矛盾はすっきり解消できる。資本主義社会では、金融資本を金融市場で運用するか、人的資本を労働市場で運用するかのちがいはあれ、誰もが一人の投資家＝資本家だ。投資家が人的資本と金融資本を同時に運用していたとしても（働きながら株式投資をしていたとしても）、なんの不思議もない。

さらに人的資本論は、ライフステージによる経済的な戦略のちがいも上手に説明できる。若いときは金融資本（貯金）が小さいから、お金を稼ぐには人的資本を投資する（額に汗して働く）しかない。家計に余裕ができて金融資本が増えると、それを株式市場や不動産市場に投資して利益を得ようとする（マイホームは不動産投資の一種だ）。年をとると人的資本はゼロになる（誰も雇ってくれなくなる）から、あとは金融資本（年金など）から得る収益で生活するほかない。

市場というのは、老若男女入り乱れたさまざまな参加者が自らの利潤を最大化すべく協力や競争のゲームを繰り広げるダイナミックな世界だ。資本家（白組）と労働者（赤組）の二手に分かれて、綱引きのような単純なゲームをしているわけではない。

ベッカーの人的資本論の登場によって、お金を稼ぐというのはどういうことか、はじめてちゃんと説明できるようになった。大金持ちからニートまで、ぼくたち「資本家」はみんな、手持ちの資本を総動員し、市場を活用して「利益」を最大化する、とても複雑なゲームをしているのだ。

一億四〇〇〇万円の人的資本

ぼくはさっき、人的資本論は「革命的なイデオロギー」といった。イデオロギーとは客観的な理論じゃなくて、社会に対してある特殊な価値観を押しつけることだ。

人的資本論のいちばんの問題は、「人的資本」がいったい何なのかよくわからないことだ。理屈は正しいとして、ぼくたちはいったいどのくらいの「資本」を持っているんだろう。

人的資本を知るもっとも簡単な方法は、いまの収入から逆算することだ。サラリーマンなら、退職金を含むおおよその生涯年収を試算できる。それを現在価値に割り引けば（未来のお金をいますぐ手にすることができたらいくらくらいになるか計算すること。本題ではないので詳しい話は省略）人的資本の額が導き出せるはずだ。

このようにして計算したサラリーマンの人的資本は、びっくりするほど大きい。サラリーマンの生涯収入を三億円（年収は入社時二五〇万円、退職時一三〇〇万円、退職金三〇〇〇万円）とし、現在価値への割引率（リスクプレミアム）を株式投資並みの八パーセントとすれば、入社時の人的資本は約一億四〇〇〇万円、四十歳で一億三〇〇〇万円、六十歳でも八〇〇〇万円以上ある（年を取っても思いのほか人的資本が減らないのは、年功序列で収入が増えるのと、給料の後払いである退職金が大きいからだ）。

一流企業に入社できれば、二十代の若者でも数億円の人的資本を持つことになる。こんな大金、ほかの手段ではとうてい手に入らないから、彼／彼女にとって経済合理的な選択肢はたったひとつしかない。なにがあっても会社にしがみつくことだ——実際、ほとんどのサラリーマンがこうした合理的行動をしている。

ところでこの逆算方式は、景気が悪化して日本的雇用が崩壊するとうまく使えなくなってしまう。会社が倒産したりリストラされてしまえば人的資本はたちまちゼロになる。アメリカのように参入や退出が自由な労働市場では、年功序列や終身雇用を前提とした生涯収入は意味を持たなくなり、まったく別の計算方法が必要になる。

金融市場が効率的ならば、株を買いたいひとと売りたいひとの間で均衡点ができて、それが適正価格になる。同様に労働市場が効率的なら、市場でつけられた値段が人的資本の適正価格のはずだ。でも困ったことに、ひと（労働力）は株式とちがって頻繁に売り買いされるわけじゃない。人的資本は株式よりも、不動産や貴金属に似ているのだ。

土地や宝石の取引では、鑑定士が客観的な基準に基づいて適正価格を決定する。それと同様に、人的資本の取引でも会社はみんなの「働く価値」を客観的に評価しなくてはならない。採用や昇進はときに個人の人生に大きな影響を与えるから、これはきわめてデリケートな作業だ。

営業職のように、業績が個人ごとに独立している仕事なら話は簡単だ。適正な報酬は稼いだ額から計算できるし、それで誰も文句はない。でも経理や人事・総務のように売上に直結しない部署もあるし、製造現場のようにチームで仕事をしていて、売上を個人に配分することが不可能な職場もたくさんある。

この難問に対して、人的資本論は次のような明快なこたえを用意している。

ひとの働く価値は、「学歴」「資格」「経験（職歴）」の三つで評価できる。

なぜそうなるのか、それにはちゃんと理由がある。

顔写真と生年月日のない履歴書

差別というのは、本人の努力ではどうしようもないこと（個人の属性）でひとを評価することだ。部落差別が理不尽なのは、ひとは出自を選ぶことができないからだ。この原則は世界共通（グローバルスタンダード）で、多様な属性を持つひとたちが混在するアメリカでは、人種や性別・宗教・年齢によって応募者の採否を決めたり従業員を評価することは厳しく禁じられている。

アメリカ人が日本の履歴書を見ていちばんびっくりするのは、生年月日を書かせることと、顔写真を貼らせることだ。生年月日欄は「年齢で差別します」と宣言するようなものだし（日本の会社は実際そうしている）、顔写真は性別や人種がひと目でわかる。

その一方で、採用や昇進を決めるにはなんらかの基準でひとを評価しなくてはならない。この評価は差別になってはいけないのだから、あとは本人の努力によって変更可能なものしか残されていない。そういう公正な評価基準は、世の中にたったひとつしかないとされている。それが「能力」だ。

ではその能力は、いったいどうやって測ればいいのだろう。

外資系の会社に応募したひとは知っていると思うけれど、履歴書（レジュメ）に記載を求められるのは「学歴」「資格」「職歴（経験）」の三つだけだ。

学歴による差別は日本社会ではずっと大きな問題になっているけれど、一所懸命勉強しなければいい大学に入れないのも事実だ。この一点において、本人の努力ではいかんともしがたい人種や国籍・性別・年齢による差別よりも学歴差別の方がはるかにマシ、ということになる。

ＭＢＡ（経営学修士）のような資格が労働市場で高く評価されるのも同じことだ。取得の難しい資格は人的資本の大きさを示し、より多くの報酬が支払われることを正当化する。

職歴（経験）は本人の自由な選択の積み重ねだから、もっとも客観的な評価の基準とされる。いろいろな会社で重要なプロジェクトを任されていれば、それこそがまさに本人の能力を証明している。超高学歴が集まるアメリカの投資銀行でも、圧倒的な実績があれば高卒でも経営トップに上りつめることができる。

もちろんここでもいろんな反論があり得るだろう。司法試験のような難しい試験に受かるには、大学以上に親の経済的支援が重要になる。いったん契約社員になってしまえば、十分な職業訓練の機会もなく、キャリアとして評価されるような職歴は得られない。すべてもっともだけれど、ここにひとつ大きな問題がある。学歴も資格も職歴も「差別」として否定してしまったら、いったいなにを基準にひとを評価していいのかわからなくなってしまうのだ。

あらゆる評価を否定すれば、あとはひとを評価する必要のない共産主義の理想世界しか残されていない。もっとも人類の歴史は、こうしたユートピアがグロテスクな収容所国家を生むだけだと教えているのだけれど。

差別を擁護する良心的なひとたち

ここまでくれば、能力主義がなぜ道徳的に正しいかがわかるだろう。

デキスギくんは、法律の仕事が自分にとって比較優位で、タイプが比較劣位だと知っていたからこそ、お金を払ってシズカちゃんを雇った。ところが能力が正しく評価されない社会では、デキスギくんはどれが自分の比較優位かわからない。そうなれば法廷での弁護も陳述書のタイプもぜんぶ一人でやるしかなくなり、シズカちゃんに頼もうとは思わない。

このように能力主義を否定する社会では、たくさんのシズカちゃんが仕事を失い、失業率が上がるばかりか、社会全体の富も失われていく。自由貿易が豊かな国にも貧しい国にも利益をもたらすように、デキスギくんには法律の仕事で、シズカちゃんにはタイプの仕事で頑張ってもらうことがみんなにとっていちばん得なのだ。

能力主義がグローバルスタンダードになったのは、それが市場原理主義の効率一辺倒な思想だからではない。

会社はヒエラルキー構造の組織で、社員は給料の額で差をつけられるのだから、なんらかの評価は必要不可欠だ。その基準が能力でないならば、人種や国籍、性別、宗教や思想信条、容姿や家柄・出自で評価するようになるだけだ。すなわち、**能力主義は差別のない平等な社会を築くための基本インフラ**なのだ。

＊

ぼくたちの社会を支配する人的資本論のイデオロギーは、ふたつのシンプルな原則で運用されている。

（1）能力は、年齢や性別、人種や宗教・国籍といった個人の属性から独立のものである。
（2）個人の評価は、その属性とは無関係に、能力のみによって判断されなければならない。

人的資本を能力によって計測することが許されるのは、能力が本人の努力によるものだからだ。この前提から、ぼくたちの社会を支配しているきわめて強力なイデオロギーが生まれた。

能力は努力によって無限に成長する。

能力が人種や性別のような先天的なもの（本人の努力によって変更不可能なもの）ならば、能力でひとを評価することも差別になってしまう。これでは組織は成り立たないから、事実かどうかに関係なく、人的資本論というイデオロギーが能力開発の神話を要請するのだ。

労働が投資である世界では、人的資本（元金）が大きければ大きいほど、小さなリスクで十分な利益を得ることができる。だったらもっとも効率的にお金持ちになる方法は、「自分に投資」して人的資本を膨らませることだ——このようにして能力主義社会は、「教育」の呪縛にとらわれていく。

教育によって能力は向上する。

高い能力は大きな人的資本をもたらす。
↓
大きな人的資本から大きな富が生まれる。
↓
人的資本を介して教育と富が直結することによって、ぼくたちは、「自己啓発」の終わりなき競争に駆り立てられることになった。〝自己啓発の女王〟勝間和代の登場は、時代の必然だったのだ。

3 「好きを仕事に」という残酷な世界

【マックジョブ】

サービス分野における、低賃金、低地位、低尊厳、低恩恵、未来なしの仕事《ジョブ》。満足できる職業をもったことのない人にとっては、しばしば満足すべき職業選択と考えられている（ダグラス・クープランド『ジェネレーションX』〈角川文庫〉）。

映画『アンヴィル！　夢を諦めきれない男たち』は、五十歳になってもロックスターを目指すカナダのヘヴィメタル・バンドを描いたドキュメンタリーだ。

一九八四年八月、西武球場。スーパー・ロック'84のステージに登場したアンヴィルは、ボン・ジョヴィ、スコーピオンズ、ホワイトスネイクなどロック史上に金字塔を打ちたてたビッグネームとともに演奏し、大観衆を熱狂させた。

それから二十年が過ぎ、バンドのリードギタリストでボーカルのリップスは毎朝、殺伐とした郊外の倉庫に車で出かけていく。そこは学校向けの配食サービス会社で、リップスは衛生用の手袋とビニール帽を身につけ、チキンやマッシュポテトやマカロニやそのほかさまざまな食材を盛りつけているのだ。

やがて彼のもとに、見知らぬプロモーターからヨーロッパツアーの依頼が来る。五週間のツアーはスウェーデンのロックフェスで快調に幕を開けたものの、その後はトラブルの連続で、プラハでは道に迷ってクラブへの到着が遅れ、支払いが受けられずにオーナーと取っ組み合いになり、駅に寝泊まりしてようやくたどり着いたトランシルヴァニアのロックコンサートは、一万人収容の会場に一七四人の観客しかいなかった。

さんざんな目にあってカナダに戻ってきた彼らは一文無しになり、おまけに仲たがいでバンドは空中分解寸前。それでもリップスはロックスターになるという夢をあきらめず、レコーディングのための金策に奔走する……。

このドキュメンタリーが世界じゅうでヒットしたのは、いくつになっても夢を追いつづけるという生き方にみんなが共感したからだ。

年をとって髪の毛も薄くなり、音楽は古くさく、ボーカルは音程が外れ、いまさらなにをやってもメジャーヒットなんて無理にきまっている。だったらなぜ、そんなムダなことをするのか？

リップスはいう。

もちろん、ロックが好きだから。それ以上に大事なことが、人生にあるのかい？

でも残念なことに、話はそんなに単純ではない。

快適なマクドナルド化

学生の頃、ドライブスルーを併設したマクドナルドの大きな店舗で、ぼくは掃除夫兼夜警のアルバイトをしていた。夜の十一時から翌朝六時まで、二人一組で厨房や客席、駐車場などを清掃しながら、暴走族の溜まり場にならないように管理するのが仕事だ。

いまもむかしも、マクドナルドといえば〝青春のアルバイト〟の典型だ。更衣室には従業員の交換ノートが置かれ、高校生や大学生の女の子たちが丸文字でお互いの近況を報告し合っていた。壁には合コンの予定やテニス大会の案内がびっしりと貼ってあった。でもその華やかな世界は、ぼくたち夜間清掃人にはまったく縁がなかった。太陽の国の住人から、仲間だと思われていなかったのだ。

〝マックジョブ〟は、すべての作業が厳密にマニュアル化されている。掃除だって例外ではなく、厨房や客席、トイレなどをどのような順番で、どの道具を使って何分で作業するのかが細かく指定されていた。それに従ってやってみると、たしかに時間どおりにぴったり終わる。バイトは二人一組で、いろんなひとと組んだけど、いちいち話し合ったりしなくても、誰と組んでも同じ仕事が規定の時間でちゃんとできた。

Mをかたどった金色のアーチから生まれた合理的な仕組みは、社会学者ジョージ・リッツアによって「マクドナルド化」と名づけられた（『マクドナルド化する社会』〈早稲田大学出版部〉）。リッツアはその本質が、①効率性、②計算可能性、③予測可能性、④制御にあると考えた。

効率性とは、ある点から別の点に移動するための最適な方法のことだ。マクドナルドは消費者に、空腹から満腹に移動するために利用できる最適な方法を提供する。ある地点から別の地点に車で移動する場合、車から降りずにハンバーガーが買えるドライブスルーはもっとも効率的な食事手段だ。

計算可能性は、食事を質（計算に適さない〝おいしさ〟など）ではなく、量や時間など計算可能なものに還元することだ。マクドナルドではビッグマックやダブルチーズバーガーなどの大きさ（量）と、商品を手渡すまでの迅速さ（時間）が重視される。

予測可能性とは、マクドナルドが提供する商品とサービスがいつでもどこでも同一だという保証だ。ニューヨークでも東京でも北京でもモスクワでも、エッグマックマフィンの味は変わらない。さらにマクドナルドの従業員は、世界じゅうどこでも同じように振る舞う。だから言葉がぜんぜん通じなくても、メニューを指差すだけで、どこの国でも自分の欲しいものを確実に手に入れることができる。「意外な驚きがどこにもない」ということに、大きな快適性の秘密が隠されている。

制御は「人間技能の人間によらない技術体系への置き換え」のことで、マクドナルド化した社会では、カンナで木を削ったり包丁で魚をおろすような習練の必要な技能は、誰でもすぐにできる非人間的技術体系によって置き換えられていく。マクドナルドのドリンクマシンはカップがいっぱいになると自動的に止まるし、フレンチフライ機はポテトがカリカリに揚がったところでカゴを油から引き上げるようになっている。

マクドナルドの合理的生産手法は、形式合理性を重視する西欧的官僚制と、技術者フレデリック・テイラーによって二十世紀初頭に提唱された科学的管理法（テイラーイズム）が合体して生まれたものだ。近代の合理主義は因習に縛られていた伝統社会を解放し、大量生産を実現したテイラーイズムはひとびとに豊かさをもたらした。こうしてマクドナルド化は、ぼくたちの社会を隅々まで支配することになる。

リッツアは警告する。

ひとびとは合理化された教育制度（マンモス大学）から合理化された職場（マクドナルド）へ、合理化された家庭（高層マンション）から合理化されたレクリエーション施設（ディズニーランド）へと移動する。最終的には旅行（パックツアー）や自然体験（RVで過ごすキャンプ場）など、日常の合理性から逃避するためのルートまで合理化され、ひとびとは合理性という「鉄の檻」に閉じ込められ、そのなかで生きるほかなくなるだろう。

なぜこんなことになってしまうのか。その理由は、考えるまでもない。

合理的なシステムは、快適なのだ。

マックジョブを選んだ高齢者

ぼくたちの暮らす社会は、ファストフードやコンビニ、ドラッグストアから、衣料品、メガネ、家具に至るまであらゆるものがマクドナルド化されている。こうした傾向はサービス業にまで広がり、飲食店はもちろん、医療機関や教育産業、宗教までがお手軽で効率的な〝マック化〟した。

消費者が安さと快適さの両立を求めれば、企業はその需要にこたえるために合理化を進め、マクドナルド化された職場で働くひとたちが増えていく。こうした〝マック労働者〟は、マックの一〇〇円バーガーが大好きな消費者でもある。すなわちぼくたちは、自分で自分を鉄の檻に閉じ込めている。

消費者が安くて快適な商品やサービスを求めることで、製造業やサービス産業の現場で合理化が加速する。マックジョブは誰がやっても同じことができるようにシステム化されているから、世界じゅうの労働者と代替可能だ。市場のグローバル化と労働のマクドナルド化は押し止めようのない巨大な潮流で、高度化した資本主義社会では、いずれは仕事の大半がマックジョブになるだろう。

マニュアルに従うだけの仕事に、個人の判断や創意工夫は必要ない。誰でもできる作業をたまたま自分がやったからといって、そこから自己実現や達成感を得ることはできない。マックジョブには夢も希望もないけれど、でもこれは、いちがいに悪い話ともいえない。

マクドナルドのアルバイトが高校生に人気なのは、そこが出会いの場だからだ。新しい友人や魅力的な異性と出会えるならば、仕事に「夢」がなくてもなんの問題もない。逆に仕事がマニュアル化されていないと、個々の判断に責任が発生するから面倒なことになる。

マックジョブは、その性格上、不定期で短時間の仕事をしたい学生や主婦に最適な働き方だ。ところがマクドナルド化が労働市場を侵食することで、それが常勤の労働者にまで広がってきた。

こうしてマックジョブは、若者のアルバイトから高齢者の仕事に変わっていく。そのことにぼくが気づいたのは、サンフランシスコのベイエリアにあるスターバックスだった。店を仕切っているのは神経質そうな白髪の白人男性で、スタッフは黒人、ヒスパニック、アジア系とさまざまだけれど、みんな四十歳は超えていそうだった。その店には、若者は一人も働いていなかった（一流広告会社の重役の座を失い、六十歳を過ぎてスターバックスで働くことになったマイケル・ゲイツ・ギルの『ラテに感謝！』〈ダイヤモンド社〉によれば、同社はアルバイトにも健康保険を提供していて、それが高齢者にとって大きな魅力になっている）。

能力主義社会では、労働者は学歴・資格・職歴の三つで評価される。マックジョブには学歴も資格も関係ないから、残る評価基準は職歴（経験）だけだ。能力主義には年功序列はないけれど、経験が評価の対象になることで、職場で長く働いている労働者が年齢を理由に解雇されることもなくなった——ただし、未経験の若者と同等の給与で働くのならば。

米系の航空会社を利用すると、キャビンアテンダントが高齢なことに驚くはずだ（このあいだは、着陸前にみんなで孫の話をしていた）。同様にアメリカでは、マクドナルドやタコベルやピザハットやスターバックスでたくさんの高齢者が働いている。

彼らは新しい出会いを求めているのではなく、金銭的な報酬を得るためだけに仕事をしている。労働機会のほとんどがマックジョブになってしまえば、夢があろうがなかろうが、そこで日々の糧を得るほかない。

能力主義と合理化（マクドナルド化）が合体することで、働くことの風景は劇的に変わってしまったのだ。

現代社会の最強の神話

グローバルな能力主義の社会では、労働者は「能力」によってクリエイティブクラスとマックジョブに二極化する。その不安に乗じて自己啓発の唱導者たちは、能力が努力によって開発できるとして、効果の判然としないさまざまな教育プログラムを提供するようになった。

だが現実には、どれほど「教育」してもほとんどのひとは落ちこぼれてしまう。底辺校を見ればわかるように、勉強に向かない生徒は机の前に座らせておくことすら困難なのだ。

でも、話はここで終わらない。ぼくたちを支配する自己実現の神は、能力主義に適応できない迷える子羊たちに、より強力な神話を与えるのだ。

好きなことを仕事にすれば成功できる。

これは現代社会の最強のイデオロギーで、反論はもちろん揶揄することすら許されない。そして驚くべきことに、ほとんどの場合この宣託は正しい。嫌いなことをガマンして頑張るなんてことは、それこそ特別な能力のあるごく一部のひとにしかできないからだ。

先に述べたように、子どもはみんな、集団のなかで自分がいかに目立つかというゲームをしている。そのときにいちばん効率的なのは、自分が持っているさまざまな能力のなかで比較優位にあるものに全資源を投入することだった。

この進化論的に最適な戦略を確実に実行するために、ぼくたちは好きなことに夢中になるように遺伝的にプログラムされて生まれてきた。能力というのは、好きなことをやってみんなから評価され、ひとより目立つことでもっと好きになる、という循環のなかでしか「開発」されないのだ。

自分がいったいなにをしたらいいかわからず、「自分さがし」の旅に出る若者たちがいる。でもこの原理を知っていれば、もう迷うことはない。向いていることは好きなこと。だったらそれがなんであれ、好きなことの「専門家」になればいいのだ。

この「神話」がぼくたちを魅了するのは、能力主義の残酷な罠から抜け出す道を示してくれるからだ。

すべてのひとが医者や弁護士になれるわけではないとしても、そもそも世の中に医者と弁護士しかいなかったらみんな困るだろう。トマトの栽培から靴の修理まで、いろんな仕事を「専門」にするたくさんのひとがいるから世の中は回っていく。この市場の多様性は、国家が意図してつくりあげたものではなく、自然発生的に生まれてきた。なぜなら、みんな好きなことがちがうから。

でもこの美しい物語には、ひとつだけ問題がある。

バイク便ライダーの不都合な真実

東京大学大学院で社会学を学ぶ阿部真大は、『搾取される若者たち』（集英社新書）で、バイク便ライダーとして働くバイク好きの若者たちが、「好きを仕事に」の落とし穴にはまっていく過程を描いている。彼らは、依頼された荷物をいかに短時間で届けるかに、文字どおり生命を賭けている。会社に強制されたのではなく、それが彼ら自身のつくりだしたゲームのルールだからだ。

バイク便ライダーは、自分のお気に入りのバイクを持ち込み、ガソリン代を自前で払って、荷物一個あたりの歩合給で働く。これはかなり厳しい条件だけれど、好きなバイクを思う存分乗り回せる彼らの労働意欲はきわめて高い。

バイク便ライダーの頂点は、月に一〇〇万円を稼ぐ「ミリオン・ライダー」だ。彼らは神業のような走りで超特急の特別な依頼を引き受けるエリートたちで、仲間からの尊敬を一身に集めている。一般ライダーたちはその栄冠を目指し、難易度の高い仕事に積極的にトライしていく。

ライダーたちの仕切り役は引退したベテランで、各自の技量を冷静に見極めながら、「ちょっと難しいけど、やってみる？」という感じで、モチベーションを高め限界を超えるよう後押しする。この高度に組織化されたゲームによって、バイク便会社はきわめて効率的な組織をつくりだすことに成功した。

しかしこれは、会社がライダーたちを搾取している、という話ではない。バイク便ライダーのコミュニティが自生的に生み出した「文化」によって、バイク便会社は価格競争に勝ち残り、消費者は安い料金でバイク便を使えるようになったのだ。

阿部が指摘するように、バイク便ライダーたちは劣悪な労働環境で酷使され、交通事故で半身不随になったり、排気ガスで肺を悪くして引退していく。しかし彼らは、すべての矛盾を「自己責任」と受け止める。だって、好きでやったことだから。

これはたしかに理不尽だ。でも、だったらどうすればいいのかのこたえはない。

大人たちはしたり顔でいう。「正社員として就職し、趣味のバイクは休日に楽しめばいいじゃないか」。でも彼らは、勉強もできなければ、机に向かって事務仕事をすることもできないからこそ、「好きを仕事に」するしかなかったのだ。

ここでの問題は、好きなことが常に市場で高く評価されるわけではないということだ。だからといって、市場で高い値段がつくこと（言語的知能や論理数学的知能）を努力によって好きになることもできない。

バイク便ライダーは、この世界の不都合な真実をぼくたちに教えてくれる。

仕事と趣味を両立させられるのは、きわめて高い能力を持ったひとだけだ。「やってもできない」のなら、それがなんであれ、好きなことで生きていくしかない。そうでなければ、マックジョブで日々の糧を得る退屈な人生が待っているだけだ。

映画『アンヴィル！』で印象的な場面は、起死回生のレコーディング費用を妻や姉などの家族が援助するところだ。彼女たちはずっとドン・キホーテみたいな男たちに振り回されてきたにもかかわらず、彼らの子どもじみた夢をいまでも応援している。

これはもちろん、美しい家族愛の物語だ。でもボーカルのリップスが夢をあきらめないほんとうの理由を、ぼくたちはもう知っている。

映画の冒頭で、リップスが配食サービス会社に出勤する様子が描かれていた。衛生帽をかぶって一日じゅうチキンのから揚げやハンバーグを容器に詰め込むのは、これ以上ないくらい退屈で単調な作業だ。もしも夢をあきらめてしまえば、リップスに残されているのはこのマックジョブだけなのだ。

この事情は、リップスの家族にしても同じだ。彼が夢をあきらめないかぎり、ロックミュージシャンの妻や姉を演じることができる。だから彼女たちは、とぼしい蓄えを取り崩して実現するはずのない夢を応援するのだ。

グローバルな能力主義の世界では、夢をあきらめてしまえば、マックジョブの退屈な毎日が待っているだけだ。だからリップスには、夢をあきらめることが許されない。死ぬまでロックしつづける以外に生きる術がないからこそ、滑稽なまでに必死になれるのだ。

＊

好きなことを仕事にすれば成功できるなんて保証はどこにもない。

それでもぼくたちはみんな、好きなことをやってなんとか生きていくほかはない。

ジャイアンはプロ野球選手を目指したが、どこからも指名してもらえなかった。シズカちゃんは音楽学校を卒業したものの、コンクールで賞を取ることができなかった。何年かして、二人は偶然、高級住宅地の喫茶店で再会した。

ジャイアンは少年野球チームのコーチとして、子どもたちの指導をしていた。シズカちゃんはホームパーティに呼ばれて、ピアノを弾いていた。

二人が幸福だったのかどうか、ぼくにはわからない。でも彼らは、「好き」を仕事にして、この残酷な世界を生き延びていたのだ。

第2章

自分は変えられるか？

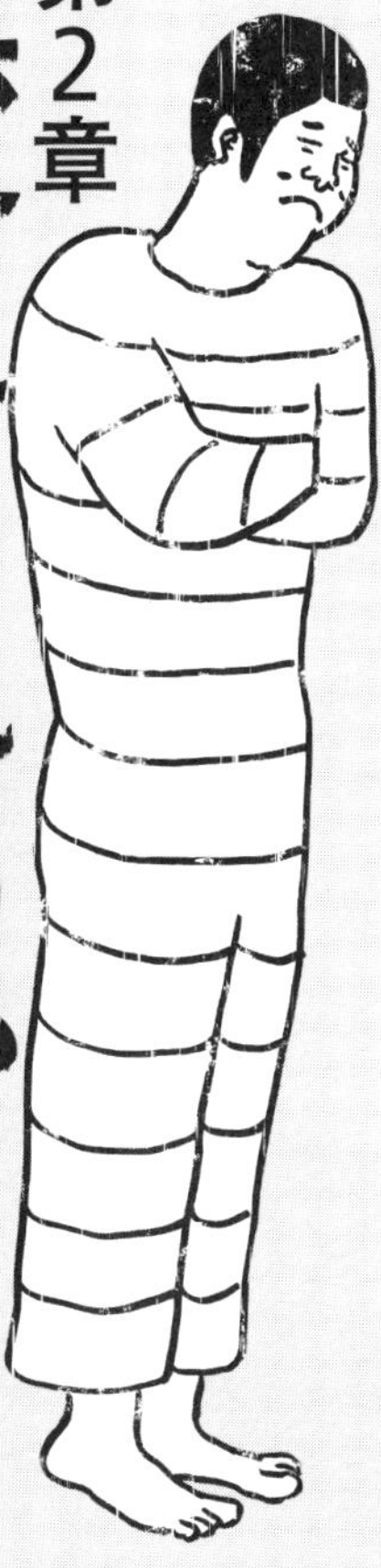

1 わたしが変わる。世界を変える。

「わたしが変わる。世界を変える。」

ICONIQ《アイコニック》という奇妙な名前の元アイドル歌手が、自らの手で長い黒髪にはさみを入れ、ベイビーショート（坊主頭）に変身する。二〇一〇年冬の大手化粧品会社のテレビCMは、「自己啓発の時代」を象徴していた。

自己啓発の成功哲学とはいったいなんだろう。

成功哲学の元祖ナポレオン・ヒルは『思考は現実化する』（一九三七年）で、「強く願えばその思いは現実のものとなる」と説いた。

トラックのしがないセールスマンから億万長者になったデール・カーネギーは、自己啓発本の超ロングセラー『道は開ける』（一九四八年）で、「悩みは主観的なものであり、考え方を変えればすべての悩みは解決する」と述べた。

コンサルタントのスティーブン・R・コヴィーは、世界三〇ヶ国で一五〇〇万部を売り上げた大ベストセラー『7つの習慣』（一九八九年）で、「正しい習慣によって生き方を変えれば、状況は自然と変わる」と論じた。

　これら自己啓発本に通底するのは、自分と世界が相互にフィードバックし合っているという認識だ。そしてこれは、原理的にはものすごく正しい。

　ひとの感情や考え方は、他人からの刺激によってさまざまに変化する。これは、外部からのインプットによってプログラムが変わるコンピュータみたいなものだ。人間関係のもっとも単純なモデルでは、こうした自己組織化するコンピュータが相互にメッセージを交換する。

　相手からネガティブなメッセージを受け取れば、あなたもネガティブなメッセージを送り返す。それによって相手は変化し、さらにネガティブなメッセージが発信される。こうしてネガティブなフィードバックが累積し、関係はとめどもなく悪化していく。

　日常生活でもよくある状況だが、こうしたときにひとは「相手が悪い」と無条件に思い込む。となれば、和解の可能性はただひとつ。相手が反省して謝罪し、変わることだ。その結果インプットがポジティブに変化すれば、あなただってポジティブなメッセージを送り返すことができるだろう。

　ところがこれは、じつはなんの役にも立たない。相手も同じように、「あなたが悪い」と考えているからだ。こうしてほとんどの場合、いちどこじれた人間関係は、さらにこじれて修復不可能になっていく。

　自己啓発の思想は、この超難問を一発逆転の発想で解決しようとする。

人間関係が相互フィードバックなら、ポジティブなメッセージはよりポジティブになって送り返されるのだから、どっちが最初でも結果は同じだ。すなわち、つべこべいわずにあなたが変わればいいのだ。そうすれば相手も変わって、ポジティブなフィードバックのちからによって二人の関係はますます良好になっていくだろう。

マルクス主義では、人間は社会的関係の総体だとされているから、わたし（たち）が変わるにはまず世界を変えなくてはならない。それに対して社会を相互フィードバック・システムと見る自己啓発主義は、世界を変えるには自分を変えればいいとして革命を否定する。政治に対して興味を失い、自分を中心とした狭い世界に閉じこもる時代の風潮からすれば、どちらがウケるかは一目瞭然だ。

わたしが変われば、世界は変わる。

だったら、残された問題はたったひとつだ。

はたして、わたしは変われるのか？

嫉妬のない男

進化心理学は、人間の心理や感情が進化の過程のなかで自然淘汰（性淘汰と自然選択）によって形成されたと考える。といっても、これはなかなか直感では理解しづらい。泣いたり笑ったりというこのリアルな感情と、四十億年の生命の歴史はどうつながっているのだろうか。

伊坂幸太郎の『重力ピエロ』（新潮文庫）は、遺伝と家族の物語だ。主人公は泉水《いずみ》と春という兄弟で、弟の春は、泉水が二歳のときに、高校生の強姦魔に母親が襲われて生まれた子どもだ。

それから二十年が過ぎて、仙台の街に奇妙な連続放火事件が発生した。放火現場の近くの壁には必ずグラフィックアートが描かれ、泉水と春はそこにＤＮＡの塩基配列を利用した暗号が隠されていることを発見する。

二人は放火犯を追いはじめるが、次第に兄の泉水は、じつは放火犯は弟ではないかと疑うようになる。春の実の父親である強姦魔が、刑務所を出て仙台の街に戻っていた。春はこの男を、自分の手で裁こうとしているのではないか……。

この一風変わった家族の物語の核は、主人公である二人の兄弟ではなく、彼らの父親（春にとっては養父）にある。

妻からレイプ犯の子どもを身ごもったと告げられたとき、父親はとっさに神さまに相談した。するとと頭のなかで、「自分で考えろ！」という怒鳴り声が聞こえた。父親は即座に「よし、産もう」と決断し、実子の泉水（スプリング）と同じ春（スプリング）という名前を血のつながらない子どもにつけ、愛情あふれる「最強の家族」をつくりあげた。最後はがんに侵されて死んでいくこの善良な父親を、映画版では小日向文世が好演していた（ちなみに泉水は加瀬亮、春は岡田将生）。

この父親の決断を前にして、ぼくたちはそれこそ即座に、「こんな人間はゼッタイいない」と思う。そして、この存在するはずのない父親が、物語に現実離れした浮遊感を与えている。

嫉妬の感情が欠落した男に対するぼくたちの違和感は、いったいどこからくるのだろうか。その理由を進化心理学は、次のようにきわめて単純明快に説明する。

ある集団のなかで、嫉妬する男と嫉妬しない男が半々の割合でいたとしよう。嫉妬しない男は（『重力ピエロ』の父親のように）、誰の子どもでも一所懸命育てる。嫉妬する男は自分の子ども以外、育てようとは思わない。こうした条件で数十世代を経れば、その集団は嫉妬する男の子孫だけになり、嫉妬しない男の遺伝子は絶滅する（このことは、ゲーム理論によって数学的に証明できる）。

これはべつに、〝利己的な遺伝子〟が意志をもって嫉妬するという話ではない。なんらかの偶然で嫉妬という感情が生まれれば、それは子孫を残すために有益なので、性淘汰によって広がっていく。その性向が遺伝することで、やがて人類のすべてが嫉妬という生得的なプログラムを共有するようになる。じつをいうと嫉妬、すなわちライバルのオスを追い払おうとする行動は、縄張りを守るすべての生き物に普遍的に観察されるのだ。

それに対して、レイプ犯の子どもを産む母親の選択は進化の理論と矛盾しない。夫の実子であろうがなかろうが、生まれてくる子どもは自分と五〇パーセントの遺伝子を共有しているのだから、中絶は進化論的には不適応な選択だ。ただしそのことによって、夫が自分と子どもの扶養を放棄してしまっては都合が悪い。だから（DNA検査のない時代なら）、彼女にとってもっとも合理的な行動は、何食わぬ顔をして夫以外の男の子どもを産むことだ。中絶は生命のリスクがともなうし、たとえ成功したとしても、次に妊娠できるかどうかはわからないのだ。

『重力ピエロ』がリアルな心理小説であれば、なにも知らずに他人の子どもを育てた気のいい父親は、連続放火事件を機に真実に気づいて懊悩《おうのう》するだろう。母親は凡庸な兄ではなく、レイプ犯の血を継ぐ容姿の美しい弟を溺愛するかもしれない。でもこれでは、〝伊坂ワールド〟は成立しない。小説の世界を現実から切り離すためには、「進化論的には存在するはずのない父親」というキャラクターがどうしても必要だったのだ。

〝遺伝的に正しい〟生き方

勝間和代は、「妬む、怒る、愚痴る」を三毒として、繰り返しその追放を説いている。妬むというのは、要するに嫉妬のことだ。ところで、嫉妬が（すくなくとも）数億年の進化の過程で人間の〝本性〟としてつくりだされた感情であるとするならば、それに「毒」のレッテルを貼って、意志のちからで追放することなど可能なのだろうか。

ホモ・サピエンスの登場以来、男にとっての最大の問題は、生まれてくるのが自分の子どもかどうかを知る術がないことだった。処女が貴重なのはあらゆる人類社会に共通だが、これは男にとって、自分の精子を独占的に卵子に送り届けられる唯一の機会だからだ。

いったんメスが処女を失うと、それ以降、オスは果てしのない疑心暗鬼のなかに放り出されることになる。食物の獲得のために家を離れざるを得ない以上、四六時中メスを監視することはできない。だがなんの手立ても講じなければ、自分が留守のあいだにほかのオスが性交を求めて集まってくるだろう。だからこそ男たちは、妻を夫の一族（親兄弟）といっしょに住まわせたり、不貞にきわめて過酷な刑罰を科したり、女子割礼でクリトリスを切除したり、ヒジャブ（スカーフ）やチャドル（ベール）で夫以外の男に性的魅力を感じさせないよう文化的に強制してきたのだ。

オスがメスの性的関係に嫉妬するのは、血のつながらない子どもを育てるという遺伝上の〝被害〟を防ぐためだ。それに対してメスは、オスとほかのメスとの精神的な関係に嫉妬する。

オスがほかのメスと性交しても、継子を育てさせられるのでないかぎり、メスに遺伝上の不利益はない。日本でもつい最近まで「妾」や「二号」という言葉がふつうに使われていたが、権力者や金持ちが複数の妻を持つのはほとんどの社会で見られる現象だ。ただしそこにはきわめて厳しい規則があって、正妻を筆頭とする女性間の序列は絶対に崩してはならない。

〝遺伝的に正しい〟オスの戦略は、できるだけ多くのメスと性交して自分の子孫を残すことだ。それに対してメスの最適戦略は、自分と子どもたちを養う保証をオスから獲得することにある。

だとすれば、メスは浮気性のオスを敬遠し、たとえ性的関係がなくても、オスが自分以外のメスを大切に扱うことに激しく嫉妬するにちがいない。

こうした進化心理学の〝遺伝子中心主義〟に反発を感じるひとは多いだろう。しかしアメリカの調査では男女の嫉妬のちがいが明瞭に表われていて、男性は妻（恋人）がほかの男と親しくすることには無関心だが、見ず知らずの男と浮気することは許さない。一方女性は、夫（恋人）が売春婦を買うことには比較的寛容だが、会社の同僚を食事に誘ったり、こっそり誕生日のプレゼントを贈ったりしたことがわかれば大変なことになる（日本人は、男女を問わず「愛情もセックスも大事」とこたえる）。

でもここでは、男女の生得的なちがいというやっかいな問題にはこれ以上踏み込まない。大事なのは、嫉妬にもちゃんと意味がある、ということだ。

夫が嫉妬しなければ、妻はいつでも気に入った男とセックスして、その子どもを夫に育てさせることができる。妻が嫉妬しなくなれば、夫は誰に遠慮する必要もなく浮気に精を出すだろう。これはいわばフリーセックスの理想郷で、実際にボノボ（ピグミーチンパンジー）は、〝嫉妬するサル〟であるヒトやチンパンジーやゴリラと進化の道を分かち、オスもメスも誰とでも挨拶代わりにセックスするラブ＆ピースの社会をつくりあげた。しかしそうした文化的基盤のないところで、自分ひとりだけ嫉妬を〝追放〟すれば、待っているのは人間関係の破綻と家族の崩壊にちがいない。好むと好まざるとにかかわらず、一夫一婦制は嫉妬を基礎につくられているのだ。

ヒトは肉食獣の餌だった

ヒトの基本的な感情には怒り、恐怖、嫌悪、驚き、喜び、悲しみなどがあって、ぼくたちはひとそろいの感情セットを親から受け継いで生まれてくる。ところが困ったことに、このリストにはネガティブな感情がずらりと並んでいる。ヒトは恐怖に怯え、嫌悪に顔をしかめ、怒りに震え、悲しみにうちひしがれて、ときにわずかな喜びを感じるだけなのだ。

もちろん、一見理不尽な「こころの設計図」にはちゃんと理由がある。

アフリカのサバンナでガゼルの群れを観察していると、彼らが草を食《は》みながら、いつも不安そうに周囲を見回していることに気づくだろう。ライオンなどの肉食獣を警戒しているのだ。

ヒトの祖先も進化のほとんどの期間を、ガゼルと同じように肉食獣に怯えながら暮らしてきた。火と武器を手にしてけだものたちを追い払ったのは、つい五十万年前のことなのだ。

自然は善良だと信じ、あたたかな陽光を浴びて幸福な気分で草を食むガゼルは、たちまちライオンや豹の餌食になってしまう。生き残るのは、いつも不安に怯えてあたりをうかがう神経症的なガゼルだけだ。

同様に、ほとんどの霊長類は樹上の果実を食べて生きていて、私たちの祖先は肉食獣の格好のエサだった。だからこそ不安は、ひとのこころの奥深くに宿痾《しゅくあ》のように巣食っている。核戦争や環境破壊や日本国破産などぼくたちはいつも未来の災厄に怯えているが、それは「現代社会の病理」などではなく、何億年もの進化の過程で最適化されたこころの必然なのだ（ドナ・ハート、ロバート・W・サスマン『ヒトは食べられて進化した』〈化学同人〉）。

ところで、どんな動物でも感情の強弱にはばらつきがある。

重度の不安神経症を患うガゼルは、肉食獣からは逃れられるかもしれないが、エサを食べられずに餓死してしまうだろう。それに対してあまり不安を感じないガゼルは、捕食されるリスクは負うものの、旺盛な食欲で仲間よりも早く成長し、より多くの子孫を残すことができるかもしれない。どちらの戦略が正しいかは、その地域の肉食獣の密度に依存する。だからこそ自然は、不安の度合いが異なるさまざまなガゼルをつくり出すことによって、いかなる状況にも適応できるようにしてきたのだ。

ヒトの感情のうち、恐怖や嫌悪は生得的なものだ。ヒトもサルも、赤ん坊のときからヘビに強い恐怖を感じる。これは後天的に学習したものではなく、毒ヘビを避けるために遺伝子に埋め込まれたプログラムだ。ぼくたちが腐った食物をマズいと感じて嫌悪するのは、それが病気をひき起こすことを遺伝子が「知って」いるからだ。

それに対して怒りや悲しみは集団内部の関係から生じる感情で、チンパンジーやヒトなど社会的な動物に特有のものだ。もちろんこれにも個人差があって、すぐに怒り出すひともいれば、めったに怒らないひともいる。怒りっぽいひとは集団のなかで一目置かれるだろうが、みんなからは好かれない。怒らないひとは人気者になれるかもしれないが、よってたかっていいように扱われる。怒りの感情が有益か害悪かは状況によって決まり、どのような性格が集団内での地位を高めるかは時代や地域によって大きく異なるだろう。

怒りや喜びや悲しみはすべてのヒトに共通の感情だが、その程度は個人によって異なり、その結果、所属する集団に馴染めるひとと適応できないひとが出てくる。

心理学博士でジャーナリストのダニエル・ゴールマンは、日本でも話題になった『EQ こころの知能指数』(講談社＋α文庫)で、家庭や会社での人間関係にかかわる能力はIQとはまったく異なるもので、IQが高くてもEQが低ければ幸福な人生は送れないと述べた。EQは、ガードナーの多重知能では対人的知能や内省的知能に相当し、最近では「社会脳」や「社会的知能」と呼ばれている。

ヒトの性格はEQ――感情や気質のちがい――によって決定づけられる。こころの知能指数は人間関係の巧拙をつかさどり、どのような性格に生まれたかは、社会的な動物であるぼくたちの人生にとてつもなく大きな影響を与える。

オーストラリアのテレビ作家ロンダ・バーンは、世界的なベストセラーとなった『ザ・シークレット』（角川書店）で、人生を変える「偉大なる秘密」を発見したと宣言した。その「秘密」はずっと隠されてきたものの、プラトン、ガリレオ、ベートーベン、エジソン、カーネギー、アインシュタインなどの歴史上の偉人たちはこの「秘密」を理解していた。そしてあなたは、この「秘密」を知ることによって、欲しいものを手に入れ、なりたい人物になれ、やりたいことがなんでもできるようになるのだという。この「秘密」は、「引き寄せの法則」と呼ばれている。

引き寄せの法則の原理は、「ひとは自分に似たひとに引き寄せられる（自分に似たひとを引き寄せる）」というものだ。この原理は古くから「類は友を呼ぶ」として知られており、その正しさは子どもを観察することで誰でも確認できる。

初対面の子どもたちをひとつの部屋で遊ばせると、自然といくつかのグループに分かれる。集団の選別はまず、性別と年齢によって行なわれる。男の子は男の子同士、女の子は女の子同士で集まって、年齢の近い子たちがいっしょに遊びはじめる。さらに人数が多い場合は、子どもたちはいくつかのサブグループに分かれていく。そのときの基本原理は、きわめてシンプルだ。

子どもは、自分と似た子どもに引き寄せられる。

これだけだ。

在野の心理学研究者ジュディス・リッチ・ハリスは、この子ども版「引き寄せの法則」も進化の過程で獲得されたヒトの基本的な感情だと考えた。核家族が成立したのはほんの百年ほど前のことで、人類の歴史のほとんどを占める狩猟採集時代では、親は生きていくことに必死で、授乳の必要な赤ん坊以外、子どもの世話をすることなどできなかった。もちろんほかの大人たちも、子どもの面倒を見る余裕などない。

ではどうやってヒトは成長し、社会性を獲得したのだろうか。それは、年上の子どもが年下の子どもの面倒を見て、年下の子どもが年上の子どもの真似をしたからだ。ハリスが指摘するように、大人が世話をしてくれない環境では、それ以外に子どもが社会化する道はない。

よく知られているように、幼い子どもは自分よりすこし上の子どもの後をついて歩く（引き寄せられる）。年上の子どもは、ごく自然に年下の子どもの面倒を見る（引き寄せる）。それと同時に、自分たちと異なる人間（見ず知らずの大人など）を恐れるのも子どもに共通する特徴だ。

チンパンジーは、別のチンパンジーの群れを襲ってオスと子どもを皆殺しにし、子どもの肉は戦利品として食べてしまう。赤ん坊を生かしておくと、授乳しているメスが妊娠できないからだ。だからチンパンジーの赤ん坊は、母親以外のサルが近づくと大声で泣き出して助けを求める。ヒトとチンパンジーが共通の祖先を持っていることを考えれば、人間の赤ん坊が同じ警報装置を備えていたとしてもなんの不思議もない。

このようにして、子ども同士で効率よく社会化するための仕組みがヒトの遺伝子にプログラムされたのだとハリスはいう。子どもは集団のなかで生き延び成長するために、自分と似た子どもに引き寄せられ、自分とちがうものを排除するのだ。

ところがこの「法則」を、『ザ・シークレット』はものの見事に反転させてしまう。

わたしに似たひとが、わたしに引き寄せられる。

↓

だったら、わたしの望むひとを引き寄せるには、そのひとに似ればいい。

↓

変身したわたしはすべての素敵なものを引き寄せ、世界は薔薇色に変わる。

たしかに、理屈は間違ってはいない。でも、カメレオンのように性格を変えたりできるものだろうか。

親の愛情はいらない

親の子育てが子どもの人生を決めるとすると、移民の子どもが完璧なアメリカ人になったり、聾者の子どもがごく自然に言葉を話したりする現象をうまく説明できない。だがハリスの唱える「集団社会化論」なら、子どもは子ども集団のなかで成長するのだから、こんなことは当たり前だ。

ハリスの仮説はものすごく説得力があるのだが、じつはまったく人気がない。それはハリスが、子育てにおける親の愛情は（すくなくとも離乳期以降は）子どもの成長にほとんど関係ない、という「暴論」を主張しているからだ。

膨大な証拠をそろえたうえで、ハリスはいう。

先史時代には、親の愛情などなくても子どもはちゃんと育っていて、だからこそ今の私たちがいまここにいる。もちろん、親が子どもの人生にきわめて大きな影響を与えるのは間違いない――遺伝を通じて。

幼児期に無関心な親に育てられた子どもは抑うつ的な傾向が強く、精神病になりやすい。虐待を受けた子どもは自分の子どもを虐待するようになり、アルコールや薬物中毒の親からは依存症の子どもが育つ。このような例は枚挙にいとまがないが、それが遺伝によるものなのか、環境（子育て）のせいなのかを見分けることはきわめて難しい。

そこでハリスは、遺伝的な影響を取り除き環境だけを比較するために、乳児期に離れ離れになった一卵性双生児の姉妹の例を取り上げる。

成年になったとき、彼女たちのうち一人はプロのピアニストになり、もう一人は音符すら読めなかった。養母の一人は家でピアノ教室を開いている音楽教師で、もう一方の親は音楽とはまったく縁がなかった。

当たり前の話だと思うだろう。

ところがピアニストを育てたのは音楽のことなどなにも知らない親で、音符すら読めないのはピアノ教師の娘だった。

二人の姉妹は同じ遺伝子を持つ一卵性双生児で、一人がプロのピアニストになったのだから、どちらもきわめて高い音楽的知能を親から受け継いでいたことは間違いない。家庭環境や子育てが子どもの将来を決めるのなら、なぜこんな奇妙なことが起きるのだろう。

ハリスは、子どもの性格は親との関係ではなく、子ども集団のなかで選択されるという。音楽とはまったく縁のない環境で育った子どもは、なにかのきっかけで（幼稚園にあったオルガンをたまたま弾いたとか）自分に他人とちがう才能があることに気づく。彼女が子ども集団のなかで自分を目立たせようと思えば、（無意識のうちに）その利点を最大限に活かそうとするだろう。音楽によって彼女はみんなから注目され、その報酬によってますます音楽が好きになる。

それに対して音楽教師の娘は、すこしくらいピアノがうまくても誰も驚いてくれない。友だちもみんな音楽関係者の子どもなら、音楽以外のことができたほうがずっと目立てる。彼女にとって、音楽に興味を持つ理由などどこにもなかったのだ。

ハリスの集団社会化論では、子どもは友だちとの関係のなかで自分の性格（キャラ）を決めていく。どんな集団でも必ずリーダーや道化役がいるが、二人のリーダー（道化）が共存することはない。キャラがかぶれば、どちらかが譲るしかない。このようにして、まったく同じ遺伝子を持っていても、集団内でのキャラが異なればちがう性格が生まれる。

さらにハリスの説は、別々に育った一卵性双生児がなぜそっくりなのかも説明できる。子どもは、自分と似た子どもを引き寄せる。外見や遺伝的な性格がまったく同じなら、育った環境がちがっていても、よく似た友だち集団のなかで同じような役割を演じる可能性が高いだろう。もしそうなら、人格まで瓜二つになったとしてもなんの不思議もない。

わたしたちの性格は子ども時代に子ども集団のなかで形成され、思春期になって完成する。それまでは同性同士でかたまっていたのに、異性に関心を持つようになり、それと同時に子ども時代の遊びに興味を失う。

ひとたび思春期を迎えると、それ以降死ぬまでひとの性格は変わらない。なぜならそれもまた、進化の過程で選択された最適戦略だからだ。

自分を変えようとした男

ヒトはもちろん、ニホンザルやチンパンジーなど集団で生活する動物はみな相手によってじつに巧みに態度を変える。強い相手が攻撃の姿勢を見せれば、歯をむき出して服従の態度を示す（これが笑顔の原型だ）。自分より格下だと思えば、横柄な態度で威圧する。子ザルですら大人たちの性格を即座に見抜いて、短気なオスには近づかない。

彼らが複雑な社会を形成する必須の条件は、集団の構成員の性格が一定していることだ。サルの集団が安定するのは、ボス（アルファオス）を中心とするパターン化した関係が成立しているからだ。

よくいわれるように、幼いチンパンジーはヒトの子どもにとてもよく似ていて、いろんなことに好奇心を持ち、怒ったりすねたり喜んだり気分にもおおきなむらがある。ところが成長するにつれてその行動は画一化し、新しいことを学習しなくなり、これまでのやり方にひたすらこだわる頑迷固陋《ころう》な性格へと変わっていく。それによって群れのなかでの立場（キャラ）が固定し、ほかのサルとの関係が定まるのだ。

ぼくたちの社会でも、気分がころころ変わるひとは周囲から敬遠される。毎朝同じ挨拶をしているのに、日によってにこにこしていたり、怒鳴りつけられたり、泣き出したりしたのでは安心してつき合えない。こうした個体は集団にうまく適応できず、子孫を残すのに不利だから、進化の過程で淘汰されてしまうだろう。

チンパンジーと同様、ヒトも大人になれば性格は安定するし、変わらない（一貫している）ことが信頼を生む。大脳生理学的には、脳の感覚野は幼児期の早い段階で成熟し、記憶や自律神経にかかわる大脳辺縁系は思春期までに、意志や感情をつかさどる前頭前皮質も十六歳から十八歳で完成する。

ところが、『道は開ける』（D・カーネギー）や『7つの習慣』（S・コヴィー）のような自己啓発本は、この性格を内省と訓練によって変えることができると主張する。はたしてそんなことが可能なのか、ここにひとつ格好の例がある。

田中孝顕は能力を開発し願望を実現するプログラムを販売する会社の社長で、ナポレオン・ヒルの『思考は現実化する』の翻訳者としても知られている。

東京、池袋でボクシングジムを経営する子沢山の家に生まれた田中は、生後間もなく養子に出され、その後、養親に実子が生まれたために家庭内でうとまれるようになる。小学校時代の成績は極端に悪く、知的障害の児童を集めた特別学級に編入することさえ検討されたという。

小学校の通信簿には「意志薄弱」と書かれ、中学では陰湿ないじめにあった田中は、人見知りが激しく学校生活にはまったく馴染めなかった。どうにかして自分を変えたいと催眠術にすがったものの、高校の三年間で東京の電話帳に出ていたすべての催眠術師を回ってもまるで効果がなく、大学では心理学や大脳生理学の本を読みふけり、不安感を消すためにロボトミー手術で前頭葉を切截《せっせつ》することまで真剣に考えた。

社会人となった田中は、脳波バイオフィードバックという能力開発機器の販売に乗り出すがあえなく失敗し、二億五〇〇〇万円の負債を抱えて会社を倒産させてしまう。だがその後、セールスの仕事で借金を返済し、ナポレオン・ヒル財団から自己啓発プログラムの独占販売権を獲得して大きな成功を収める。

田中の会社が販売する能力開発システムは初級者用が一二〇万円、もっとも高額なものは二八〇万円もし、本や広告を見て資料請求ハガキを送ってきた見込み客に激烈な電話営業で販売する。当然、毀誉褒貶は激しいが、ここではそれについては触れない。

田中は自分を変えるために自己啓発にのめり込み、「人格改造」を求めるひとたちにそのノウハウを販売するようになった。だが当の本人はあいかわらず人づき合いが大の苦手で、八ヶ岳の別荘でただ一人、賄いの夫婦に世話をしてもらいながら、孤独な執筆活動をつづけている。田中夫妻のあいだに子どもはなく、実質的にビジネスを取り仕切る妻とは一年の大半を離れて暮らしている。もちろん、友人との交流もいっさいない。

ここに、「不完全な自分を変えていこう」として能力開発に人生を賭けた一人の男がいる。だが自己啓発ビジネスでどれほど成功したとしても、自分自身を変えることはできなかったのだ(「自己改造プログラムの『成功者』」福本博文『ワンダーゾーン』〈文藝春秋〉所収)。

無意識は考える

心理学者のロジャー・スペリーとマイケル・ガザニガは、てんかんなどの治療のため右脳と左脳をつなぐ脳梁《のうりょう》を切断した「分離脳」患者にさまざまな実験を行なった。

視神経の交差によって、右半分の視野は左脳に、左半分の視野は右脳に情報が送られる。だが言語中枢は左脳にしかないため、患者は右脳に入力される左半分の視野に文字を示されても意識することができない（世界の左半分が意識の上では存在しない）。

だがスペリーとガザニガは、ここでとても奇妙なことを発見した。

分離脳患者は、テーブルの上に並べられたスプーン、鉛筆、カギなどを左手で触ると、感触はあるものの名前をいうことができない。左の視野に「スプーン」「鉛筆」などの単語を見せても、そのことに気づかない。ところがこのふたつを同時に行ない、正しいと思う組み合わせを訊くと、手探りで正解を選ぶことができた。右脳は見えていない単語と名前のわからないものを正確に一致させ、そのうえ患者自身は自分がなにをしたのかまったく意識していなかったのだ。

さらにスペリーとガザニガが、分離脳患者の左視野に「笑え」と書いたボードを置くと、見えていないにもかかわらず患者は笑い出した。なぜ笑ったのかを訊くと、「先生の顔が面白かったから」とこたえた。

分離脳患者の実験は、右脳は言語を意識化する能力はなくても、言葉を理解し命令を実行する〝知能〟を持っていることを示した。だがこの行動は無意識に行なわれるため、右脳から切断された左脳は自分がなぜ笑ったのかを知らない。

脳には膨大な量の情報が流れ込んでくるが、そのうち意識化できるのはごく一部だ。しかしひとは、つねに自分の行動に合理的な理由を求める。だから、自分が笑った以上、なにか面白いことがあったにちがいないと解釈したのだ（下條信輔『サブリミナル・マインド』〈中公新書〉）。

もしこれが正しいとしたら、次のようなきわめて重大な疑問が生じるだろう。

分離脳患者が左脳をどれだけ訓練し、深い内省を重ねたとしても、なぜ右脳が自分を笑わせたのか、真実を知ることは絶対にできない。なぜなら、無意識を意識することは原理的に不可能だからだ。

同様にひとの性格は、そのほとんどが無意識の感情や仕草、表情や行動によって構成されている。心臓の鼓動を速めるのも、顔を赤らめるのも、涙をこぼすのも、すべては脳の活動によるものだが、それが無意識のうちに行なわれているとしたならば、ほんとうの理由は秘密のベールに包まれたままにちがいない。ぼくたちはただ、泣いている自分に気がついて、あとから悲しい理由を考えることができるだけなのだ。

もちろん、禅宗やヒンドゥー教やチベット仏教の高僧なら、厳しい訓練によって無意識を操れるようになるのかもしれない。ぼくはその可能性を否定しないが、しかしその高みを目指すのなら、人生そのものが修行になってしまう。ほとんどのひとは、人間の本性に反する超人的なちからを求め、自分を変えるという不可能に生涯を費やすよりも、いまの自分とつき合いながら人生を楽しむ方がずっといいと思うだろう。

わたしが変われば、たしかに世界は変わる。だが残念なことに、わたしはそう簡単には変われないのだ。

2 『20世紀少年』とトリックスター

二〇〇〇年十二月三十一日、〝血のおおみそか〟。世界各地で同時多発テロが起き、致死性のウイルスが撒かれ、東京にはすべてを破壊する巨大ロボットが現われた——。浦沢直樹の『20世紀少年』で主人公のケンヂは、世界の滅亡を企てる悪の秘密組織〝ともだち〟と戦うために、幼なじみとともに立ち上がる。映画化もされたこの物語は、「友だち」とはなにかをとてもよく表わしている。

一九六九年、大阪万博を翌年に控えた小学校四年生の夏。ケンヂと仲間たちは、原っぱに秘密基地をつくり、正義のヒーローと悪の組織が戦う〝よげんの書〟を書いた。卒業の年、ボウリング場建設のため原っぱは整地され、〝よげんの書〟はタイムカプセルに埋められた。

中学生になってロックに目覚めたケンヂは、学校の放送室を占拠してグラムロックバンド、T・レックスのヒット曲「20th Century Boy（20世紀少年）」を大音量で流す。だがプロを目指して学生バンドを結成しデビューしたもののすぐに挫折、いまは実家のコンビニで母親と二人で姉の子どもを育てている。

物語はケンヂが、カルト教団〝ともだち〟と〝よげんの書〟との奇妙な符合に気づくところから始まる。忍者ハットリくんのお面をかぶったカルト教団のリーダーは、生物兵器によるテロや空港爆破など、〝よげんの書〟に描かれたとおりに事件を起こしていた。

〝ともだち〟の秘密を追究し、窮地に陥ったケンヂを助けるために、オッチョ、ユキジ、ヨシツネなどかつての仲間たちが集まってくる。大人になった彼らは、バンコクで裏社会の仕事をしていたり、税関職員やエリートビジネスマンだったり、卒業以来なんの交流もなかった。それが二十五年ぶりに再会したケンヂのために、喜んで生命を賭けるのだ——なぜなら、友だちだから。

ところでこの話は、よく考えるとちょっとヘンだ。ケンヂには中学・高校・大学とたくさんの友だちがいたはずだけれど、大学時代のバンド仲間を除いて、彼らはこの物語にはまったく登場しない。オッチョやユキジ、ヨシツネなどの幼なじみも同じで、これまでの人生で築きあげてきたはずの交友関係は物語からすべて排除されている。もちろん登場人物の人間関係をいちいち数えあげたら話が進まなくなるからだけれど、ここでいいたいのはそういうことじゃない。

読者や観客であるぼくたちは、このずいぶんと無理のある設定（物語の枠組）を無条件に受け入れている。なぜだろう？

それは、作者とぼくたちが〝友だちの本質〟を共有しているからだ。

友だちは、小学校・中学校・高校（幼稚園や大学でもいいけど）の同級生の間でしか結ばれないきわめて特殊な人間関係だ。学年がひとつちがうだけで、先輩や後輩と呼ばれるようになり、純粋な友情は成立しなくなる。

さらに友だちには、世代ごとに切り分けられ、互いに交じり合うことがないという、もうひとつの際立った特徴がある。中学校に進んで新しい友だち関係ができても、ふつうは小学校の友だちを紹介したりしない。

ふだんは意識していないけれど、ぼくたちはみんな、友だちのこうした排他性に気づいている。『20世紀少年』の物語には、秘密基地で遊んだ小学校の同級生以外の、〝別の〟友だちは出てきてはいけないのだ。

草野球とビールの国のピーターパン

宮藤官九郎脚本・岡田准一主演の『木更津キャッツアイ』は、千葉県木更津を舞台にした元高校野球部の仲間五人の青春ドラマだ。草野球チーム兼怪盗団「木更津キャッツ」の中心はキャッチャーのぶっさんで、たまに実家の理髪店の手伝いをするものの、ふだんはマスター（ファースト）の経営する飲み屋「野球狂の詩」で仲間とだべっている。大学生のバンビ（ピッチャー）、無職のアニ（サード）、住所不定のうっちー（ショート）も、なにをするでもない無為の日々を過ごしている。

映画化もされ大ヒットしたこの物語も、友だちがテーマだ。ここでは「高校野球部」がキーワードで、高校時代の恩師や野球部の監督は出てくるが、大学やバイト先など別の場所で出会ったはずの友だち（「高校野球部」という体験を共有しないひとたち）が登場することはない。ぶっさんとその仲間たちは典型的なジモティ（地元民）で、電車で一時間あまりの距離にもかかわらず東京に出ることもほとんどない。木更津に根を張り、同じ仲間と同じ話を延々と繰り返しながら、濃密で閉鎖的な空間を生きている。

この物語がぼくたちを引きつけるのは、それが「どこにもない友情のユートピア」を描いているからだ。彼らは〝草野球とビールの国〟のピーターパンで、高校時代のもっとも輝いた瞬間をスナップ写真に撮って、アルバムの同じページをめくるように、あるいはビデオの巻き戻しみたいに、その場面をエンドレスで再現している。ぶっさんが医師から余命半年と宣告されているのは、永遠につづくその日常を誰も壊すことができないからだ。

ところでこの話は、友だちのもうひとつの本質を教えてくれる。彼らがぜったいに地元を離れようとしないのは、同じ空気を共有できなければ友情が枯れてしまうことを知っているからだ。友だちとは、時間軸だけではなく、空間的にも排他的な人間関係なのだ。

友だちになるには、同じ時間と場所を共有していなくてはならない。だからぼくたちの時代の友だちは、学校でしか生まれない。

たまたま友だちになったとしても、学校が変われば友だち関係はリセットされる。私立学校に進学したり、大学入学で地元を離れれば、友情は摩滅していく。異なる友だち関係はお互いを排除しあい、けっして交わることがない。

地球上には何十億人ものひとが生きているけれど、ぼくたちはこのきわめて限定的な条件を満たしたひととしか友だちになれない。そのうえ仮に友だちになったとしても、それを維持するのはもっと難しい。こんなにハードルが高いのだから、「友だち」がいるということ自体がひとつの奇跡だ。

「ROOKIES」から「NANA」まで、ぼくたちのまわりにはあいかわらず友情をテーマにした物語があふれている。なくしてしまったものほど、貴重なものはない。ぼくたちが友情に感動するのは、それが現代のお伽噺だからだ。

愛情空間と貨幣空間

当たり前のことだけれど、ぼくたちにとっていちばん大事なのは、家族や恋人などとの関係だ。ここではそれを、「愛情空間」と呼ぶ。愛情空間のまわりには、親しい友だちとの「友情空間」がある。

ところでぼくたちには、「友だちではないけど他人でもない」という人間関係もある。先輩・後輩や上司・部下を含めたこうしたつき合いを、愛情や友情とまとめて「政治空間」と名づけよう。「政治空間」は、〝敵と味方の世界〟でもある。

政治空間の向こうには、茫漠とした「他人」の世界が広がっている。その範疇には、毎日挨拶する八百屋のおじさんや、テレビの映像でしか知らないアフリカの難民などがいるが、ぼくたちは家族や友だちと比べて彼らのことをほとんど気にかけない。

とはいえ、ぼくたちは彼らとまったく無関係に生きているわけではない。地球は市場によって覆われていて、ひとびとは貨幣を介してつながっている。あなたがスーパーの安売りで買ったセーターの生地は、アフリカの工場で織られたものかもしれない。だから他人によって構成され、貨幣でつながるこの世界を「貨幣空間」と呼ぼう。

愛情空間は、二人から一〇人くらいの小さな人間関係で、半径一〇メートルくらいで収まってしまう。ところがこの小さな世界が、人生の価値の大半を占める。人類は太古の昔から、愛情空間の出来事ばかり延々と語りつづけてきた。小説でも映画でも音楽でも、猫も杓子も「愛」をテーマにしているのはこのためだ。

友情空間は、最大でも二、三〇人くらい（ふつうは一〇人前後）、半径一〇〇メートルほどの人間関係だ。政治空間まで範囲を広げても、登場人物は一〇〇人くらいにしかならない（年賀状の枚数とだいたい同じだ）。

一方貨幣空間は、お金を媒介にして誰とでもつながるから、原理的にその範囲は無限大だ。

図2-1

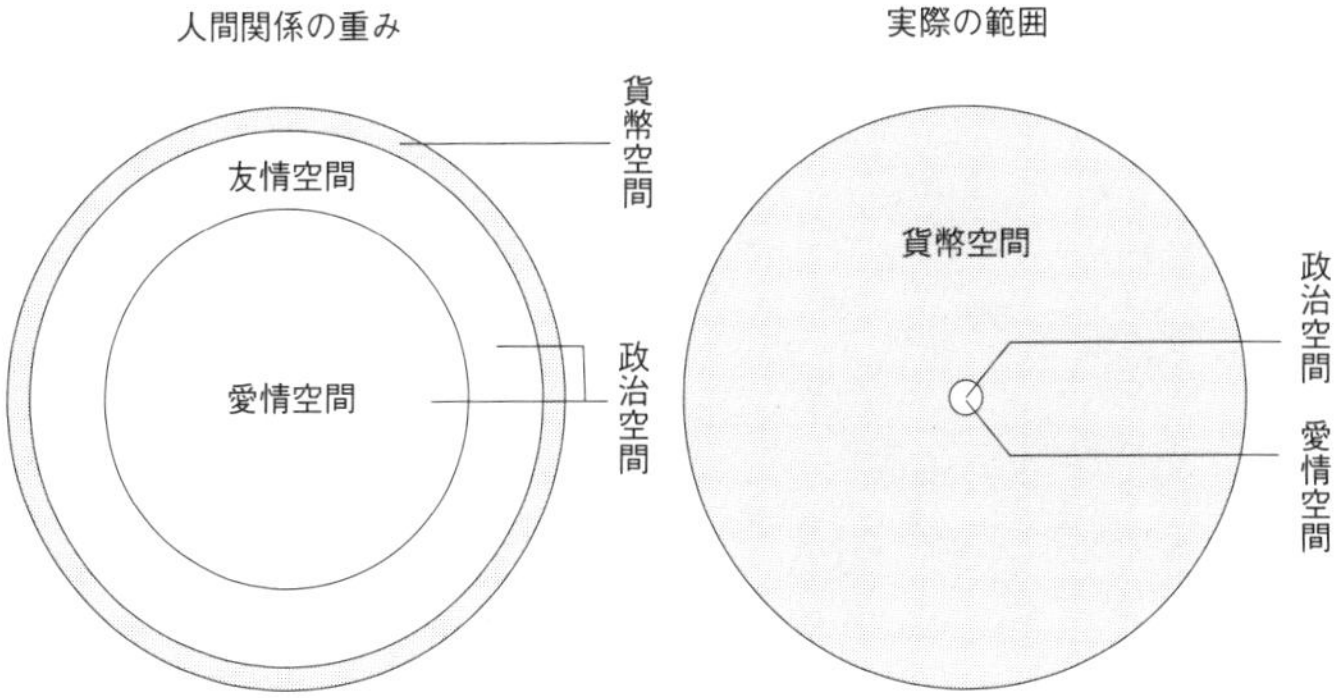

仮に宇宙人が地球を訪れて交易を始めることになれば、貨幣空間は全宇宙に広がっていくだろう。ところがこの広大さと比べて、ぼくたちの人生における貨幣空間の価値はきわめて小さい。愛情空間の重さが人生の八〇パーセントを占めるとすれば、貨幣空間は一パーセント程度の比重しかない（残りの一九パーセントが友情空間だ）。

このように愛情空間、友情空間、貨幣空間は、その大きさと価値が指数関数的に逆転している（図2－1）。

ぼくたちが愛情空間にきわめて高い価値を与えるのは、そうするように進化論的に最適化されているからだ。

哺乳類や霊長類はもちろん、魚や鳥だって自分の子どもだけを特別扱いし、ほかの子どもを無視する。家族を犠牲にして他人を助ける博愛主義の個体がいたとしても、自然淘汰でとっくのむかしに絶滅しているはずだ。

人間社会は親族のネットワークで構成されていて、家族の自治が広く認められている（国家や他人が家庭の事情に勝手に介入してはいけない）。困っているひとを放置して家族の幸福を優先しても、誰にも文句はいわれない。これは人類社会に共通する普遍的なルール（ヒューマンユニヴァーサル）だ。

同様に友情空間が大事なのも、人間が社会的動物だからだ。狩猟採集の時代、過酷な自然環境のなかで人類の祖先は群れをつくって身を守ってきた。群れから追放されることは、死を意味した。ヒトは、たった一人では生きていけないのだ。

ぼくたちは、仲間はずれにされることに本能的な恐怖心を持つ。これは石器時代や、そのさらに昔のサルと未分化だった頃にまで遡る宿命みたいなものだ（だから、「お前、友だちいないだろ」がいじめの常套句になる）。

それに対して貨幣空間は、農耕と交易によって成立してからわずか一万数千年の歴史しかない。ここに、ひとびとが貨幣空間にきわめてわずかな価値しか認めない理由がある。ぼくたちは進化の歴史の重さによって、愛情や友情（仲間意識）という古い人間関係に比べて、貨幣を介するつながりの重要性を正しく理解できないのだ。

ぼくは子どもの頃から、歌謡曲がなんで愛の歌ばかりなのか不思議で仕方がなかった。その後、ロックやジャズ、ボサノバ、レゲエ、ヒップホップからクラシックのオペラまで、ありとあらゆる音楽が愛を歌っていることを知った。世の中にはもっと大事なことがあるのに、バカじゃないの。

でも実際には、石器時代の人類には、愛（生殖）と友情（仲間）以外に大事なものなんかなかったのだ。遺伝子のプログラムはそう簡単には変わらないから、その末裔であるぼくたちも、当然のことながら愛と友情のしがらみのなかで生きていくしかない。

「世界から愛が消えた」とか、「お金が万能の世の中になった」とか嘆くひとがあとを絶たないけど、愛の至上主義は、四十億年前の生命誕生からつづく進化の過程のなかで人類の遺伝子に組み込まれてきた。わずか四十年や五十年（百年や千年でもいいけど）で、世の中から愛がなくなるなんてことはあり得ないのだ。

権力ゲームのルール

戦国時代や三国志の世界で描かれる権力ゲームの目的は、集団のなかで一番になること（国盗り）と、異なる集団のなかで自分の集団を一番にすること（天下平定）だ。もちろんみんなが勝者になれるわけはないから、集団のなかでどのように振る舞うかもこのゲームでは重要になる。この権力ゲームの行なわれるフィールドが政治空間だ。

それに対してお金儲けゲームの目的は、与えられた条件のなかでもっとも効率的に貨幣を増やすことだ。権力ゲームは勝者総取りが原則だけれど、お金儲けゲームはなにがなんでも一番を目指す必要はない。べつに世界一のお金持ちになれなくても、そこそこ裕福な暮らしができればみんなハッピーなのだ。このゲームのフィールドが貨幣空間になる。

政治空間には愛情や友情だけではなく、嫉妬や憎悪、裏切りや復讐などのどろどろとした感情が渦巻いている。恋愛から戦争まで、人間ドラマのすべては政治空間で繰り広げられる。

それに対して貨幣空間は、お金を介したコミュニケーションだから、ものすごくフラットだ。いつも買い物をする八百屋のおじさんに愛情や憎悪を感じるひとはいない。通販でモノを買う場合は、相手が何者かなんて考えもしない。この冷淡さがあるからこそ、貨幣空間は無限に広がっていける。

戦国時代劇が教えるように、権力ゲームは手段を問わず、頂点に立ったものが正しいというのがルールだ。そこでは政略結婚や合従連衡など、ありとあらゆる権謀術数がめぐらされるけれど、その一方で友との約束に生命を賭けたり、敵を敬い、その死に涙を流したりもする。戦国武将は一族郎党を死地へと向かわせるのだから、ただのイヤな奴では相手にされない。ひとを率いるには、名誉とか品格とかの「人間力」が不可欠なのだ。

政治空間のもうひとつの特徴は、階層構造を持つことだ。ひとたび権力ゲームが決着すると、勝者を頂点とするヒエラルキーができ上がる。すると、この階級社会のなかで「分をわきまえる」というルールが生まれる。家柄やしきたりでがんじがらめになった、江戸時代の武士の世界がその典型だ。

権力ゲームは、敵と味方を分けるところから始まる。味方を増やし敵を殺すことで、より大きな権力を獲得できる。ドイツの法学者カール・シュミットは、政治の本質を「あいつは敵だ。敵を殺せ」と要約した。イタリア・ルネッサンス期の思想家マキャベリは、相手の弱みをつき、計略をめぐらせ、卑劣な手段を使ってでも勝ち残ることこそが正義だという政治的リアリズムを『君主論』で体系化した。

サルからチンパンジー、ヒトに至るまで、権力ゲームのルールはたったひとつしかない。

権力を奪取せよ。そして子孫を残せ。

権力ゲーム（統治の倫理）は、ほとんどのプレイヤーが敗者として淘汰されていくきわめて割の悪いゲームだ。これに対して貨幣空間では、まったく異なるルール（市場の倫理）が支配している。

複雑きわまりない政治空間（男女や親子の愛憎も含む）に比べ、貨幣空間の際立った特徴はそのシンプルさにある。そして驚くべきことに、貨幣空間でどのように振る舞えばいいかは科学的に証明されている。

信じられない？　だが結論を急ぐ前に、まずはあなたに監獄に入ってもらわなければならない。

囚人のジレンマ

囚人のジレンマはあまりにも有名で、すでにいろんなところで書かれている。知っているひとも多いだろうけど、ここからしか話は始まらないからいちおう説明する。

あなたがどこかの芸能人みたいに、麻薬不法所持で仲間といっしょに逮捕されたとする。ずっと黙秘していると、しびれを切らせた検事が次のような提案をした。

①このまま黙秘をつづけて、仲間が自白したら、罪はすべてあなたが負うことになって懲役十年の実刑、仲間は釈放される。
②あなたが自白して仲間が黙秘したら、あなたは罪を相手に着せて釈放、仲間は懲役十年。
③あなたも仲間も自白したら罪も半々になって、それぞれ懲役五年。

そして最後に、次のような本音を漏らした。

④あなたも仲間も黙秘したら、麻薬不法所持で立件できないから、それ以外の罪状で懲役一

図2-2　囚人のジレンマ

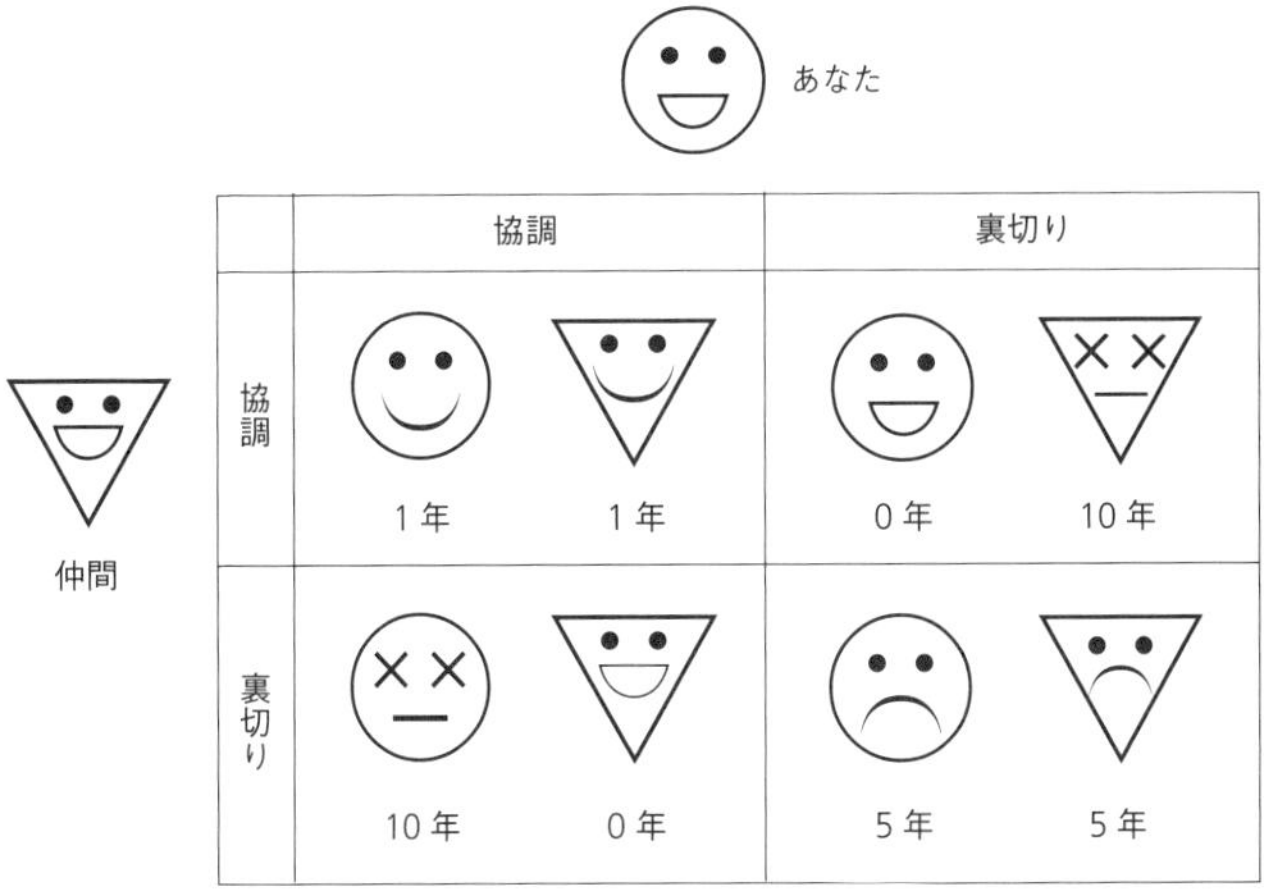

年がせいぜいだ。

さてこの条件で、あなたはどのような選択をすべきだろうか（図2-2）。

すぐにわかるように、あなたにとっていちばんいいのは、自分だけ自白して仲間が黙秘してくれることだ。でもそんなウマい話が転がっているだろうか。検事は、相手にも同じ提案をしているに決まっている。

次に有利な選択は、二人とも黙秘することだ。一年の刑務所暮らしくらい、ガマンできないことはない。でもあなたが黙秘しても、相手が同じように黙っていてくれるという保証はない。

あなたにとって最悪なのは、自分だけが黙秘して、仲間が自白してしまうことだ。その場合は相手は自由の身で、あなたは刑務所で十年も臭い飯を食わなくてはならない。

最悪の事態を避けるもっとも確実な方法は、仲間の思惑なんて無視して自白することだ。相手がお人好しで黙秘してくれれば、あなたは釈放される。相手が自白しても懲役五年で、自分だけが十年の刑になるよりずっとマシだ。

ここまでは論理的に完璧だ。でもちょっと考えてほしい。仲間も同じように合理的に行動すれば、当然、自白を選ぶだろう。そうなると二人とも懲役五年になって、お互いに黙秘するという〝論理的に正しくない〟選択をした場合の懲役一年に比べてはるかに重い罰になってしまう。これって、ほんとうに合理的なんだろうか？

じつはこの囚人のジレンマには、いろんな「解決法」がある。ぼくが最初に考えたのは、逮捕される前に、「もし裏切ったら親兄弟はもちろん、子々孫々までただじゃすまないぞ」と脅しておく、という方法だった。そのかわり黙秘を貫いたら、出所後に報酬が与えられる。実際にヤクザは、この飴とムチ戦略で組員に忠誠を誓わせ、組長まで罪が及ばないようにしている。でもこれは、ゲームの配点を変えているからルール違反だ。

それ以外にもいろんな方法（信頼できるとわかっている仲間とだけつき合うとか）を思いつくかもしれないけれど、じつはこれは時間のムダだ。先に挙げた条件が確定してしまえば、「二人とも自白する」という〝不合理な選択〟が最適解だということは数学的に証明されている。

ぼくたちのまわりには、協力するか裏切るかの二者択一を迫られるような場面が（そんなに大袈裟なものではないにしても）けっこうたくさんある。そのときにみんなが最適解を選べば、いつでもどこでも互いに相手を裏切り合うイヤな世の中にしかならない。でもそのわりには、いろんなことがそれなりにうまく回っているようにも見える。

なぜだろう？

しっぺ返し戦略

社会心理学者のロバート・アクセルロッドは、囚人のジレンマはゲームを繰り返すことで解決できるのではないかと考えた。とはいえ、あらかじめゲームの回数が決まっていたら結論は変わらない。どうせ最後に裏切られるなら、誰も最初から協力しようとは思わないからだ。ところがゲームがずっとつづくとなると、話は変わってくる。無限回の反復ゲームでは、お互いに協力することが最適解になるのだ（『つきあい方の科学』〈ミネルヴァ書房〉）。

アクセルロッドを有名にしたのは、自分の予想を実証するためにコンピュータ選手権を開催したことだ。彼は心理学、経済学、政治学、数学、社会学の五つの分野から専門家を集め、反復囚人のジレンマにおいて、協力と裏切りのどのような戦略がもっとも有利かを競わせた。対戦は一試合二〇〇回、五試合ずつの総当たり戦で、ぜんぶで一二万回の対戦があり、協力か裏切りかで二四万回の選択が行なわれた。

ゲームの参加者は、さまざまな戦略でゲームに臨んだ。相手に裏切られても協力するお人好し戦略、逆に、相手が協力しても裏切る悪の戦略、裏切った相手には徹底して懲罰を加える道徳的戦略、ランダムに協力したり裏切ったりする気まぐれ戦略、さらには過去のデータから統計的に相手の意図を推察し、最適な選択を計算する科学的戦略……。だがこの競技を制したのは、全プログラムのなかでもっとも短い「しっぺ返し戦略」と名づけられた単純な規則だった。

しっぺ返し戦略は、次のふたつの規則から成り立っている。

①最初は協力する。
②それ以降は、相手が前の回に取った行動を選択する。

しっぺ返し戦略では、とりあえずどんな相手でも最初は信頼する。それにこたえて相手が協力すれば、信頼関係をつづける。相手が裏切れば、自分も裏切る。だがいちど裏切った相手が反省して協力を申し出れば、即座に相手を信頼して協力する。

ほんとうにこんなシンプルな戦略が〝最良のつき合い方〟なのか？　そんな疑問にこたえるために、アクセルロッドは第二回コンピュータ選手権を開催した。

第二回選手権には、六ヶ国から六二名の専門家が参加した。彼らは第一回選手権の結果を熟知しており、しっぺ返し戦略を打ち破るためのさまざまな戦略を考案してきた。たとえば「試し屋」戦略は、相手の出方をうかがい、騙しやすいとみれば搾取し、毅然と対処されれば低姿勢になるというプログラムだった。「精神安定剤」戦略は、最初に相手と信頼関係を築き、食い逃げできると判断すれば不意に裏切るプログラムだ。ところが驚くべきことに、第二回選手権でもしっぺ返し戦略は、こうした強力なライバルたちを打ち破り、見事第一位の座を守ったのだ。

アクセルロッドは、しっぺ返し戦略の強さの秘密が、その単純さにあると説明する。複雑な戦略は、なにをされるかわからないという恐怖を相手に与え、協力をためらわせる。それに対してしっぺ返し戦略は、自分が協力すれば相手も協力し、裏切れば裏切り返される（搾取できない）ことが明らかなので、安心してつき合うことができる。すなわち、もっともローコストに信頼関係を築き、囚人のジレンマを回避する方法なのだ。

日本人はアメリカ人よりも個人主義？

社会心理学者の山岸俊男は、『信頼の構造』（東京大学出版会）など一連の著作で、「安心社会」と「信頼社会」という興味深い議論を展開している。

ほとんどのひとが、日本人は集団主義でアメリカ人は個人主義だと考えている。だが山岸は、さまざまな実証研究によってこの常識に異を唱える。

広く流布した「常識」を確かめるために、山岸は日本とアメリカの大学生に囚人のジレンマを試した。

実験の参加者は四人で、互いに面識はなく顔を合わせることもない（自分が一方的に裏切っても、相手にそのことを知られる恐れはない）。参加者にはそれぞれ一〇〇円が与えられ、それを次のようなルールで増やすことができる。

①元手の一〇〇円のうち、好きなだけ寄付していい。寄付されたお金は二倍に増額され、ほかの三人の参加者に平等に分配される（自分には戻ってこない）。
②元手を寄付しなければ、そのまま一〇〇円を受け取ることができる。

この場合、四人全員が協力を選んで一〇〇円を寄付すれば、それぞれが元手の倍の二〇〇円を受け取ることができる。だがもっとウマい話があって、元手の一〇〇円をそのままにしておいて、残りの三人が一〇〇円を寄付してくれれば三〇〇円が手に入る。一方、自分だけ一〇〇円を寄付しても残りの三人が協力してくれなければ、お金をすべて失ってしまう。

このような複雑な囚人のゲームでは、一〇〇円全額を寄付するひと（博愛主義者）や一円も寄付しないひと（吝嗇家《りんしょくか》）は少数で、ほとんどの参加者はどの程度協力するのがもっとも有利か（裏切られたときの損害が少ないか）に頭を悩ませることになる。

山岸の実験では、この社会的ジレンマに直面した日本の学生は平均して四四円を、アメリカの学生は五六円を寄付した。アメリカ人の寄付率は、日本人よりも三割も高かったのだ。それ以外の実験でも同様の結果が出ていて、そこには明らかに統計的に有意な差があると山岸はいう。

日本人はアメリカ人よりも個人主義者だ。

山岸はこの〝非常識な〟結論を補強するために、次のような実験を行なった。

今回は、日本人とアメリカ人の学生がそれぞれ三人一組で参加する。彼らは無意味な単純作業（コンピュータ画面に表示された文字の組み合わせから特定のものを選ぶ）を行ない、チームの三人の合計得点に応じて報酬が平等に分けられる。作業は隔離された小部屋で行なわれ、ほかのチームのメンバーからは、自分が真面目にやっているかさぼっているか知られることはない。

こうした条件でもっとも合理的な行動は、自分だけがさぼって残りの二人に働いてもらうことだ。その一方で、真面目にやってもその努力はほかの二人にも分配されてしまうから、「正直者がバカを見る」ことになる。

そこで実験では、グループから離れ、一人で作業できる選択肢が与えられた。その場合、次のふたつの条件が設定された。

①低コスト条件：参加者は、いかなるペナルティもなくチームから離れることが許された。
②高コスト条件：チームから離れる場合は、受け取る報酬が半額に減らされた。

低コスト条件では、自分が「バカを見ている」とわかれば、アメリカ人も日本人もさっさとチームから離れていく（二〇回の作業のうち、平均八回で離脱する）。考えるまでもなく、これは当たり前だ。

一方高コスト条件では、「バカを見ている」とわかっても、チームを離脱すればいまよりも少ない報酬しか受け取れない。癪《しゃく》に障るが、そのまま搾取される方が合理的な選択なのだ。

このジレンマに直面して、アメリカ人の学生は二〇回の作業のうち平均一回しか離脱しなかった（ほとんどは合理的に行動した）。それに対して日本人の学生は、損をするとわかっているにもかかわらず、ほぼ八回の作業でチームを離れた。

この実験も、日本人とアメリカ人の次のような顕著なちがいを明らかにしている。

日本人はアメリカ人よりも一匹狼的な行動をとる。

アラブ人はユダヤ人が大好き

山岸の行なった社会的ジレンマの実験は、日本人はアメリカ人よりもずっと個人主義的で一匹狼的だ、という驚くべき結論を導いた（ほかの研究者による実験でもこの結果は支持されている）。日本人が「集団主義」だという、あの誰もが知っている常識はどうなってしまったのだろう。

これについて山岸は、「集団主義は文化の問題ではなく、日本とアメリカの社会の仕組みが違うからだ」とこたえる。

日本の社会は（というか、世界のほとんどの社会がそうだが）、お互いがお互いを監視し、規制する濃密な人間関係が基本だ。こうしたムラ社会では、集団の意思に反する行動には厳しい制裁が待っているから、集団主義的な態度を取らざるを得なくなる。ところが山岸の実験では、集団の利益に反して裏切りを選択しても、なんの不利益もないように仕組まれている。こうした条件の下では、日本人は集団に協力しようとは思わない（「旅の恥はかきすて」の状況だ）。これを山岸は「安心社会」と呼ぶ。

それに対してアメリカ社会では、異なる人種的・文化的背景を持つひとたちが共生している。こちらの社会ではムラ社会的な集団主義は機能せず、つき合い方の別の戦略が必要になる。山岸はこれを「信頼社会」と名づけたが、そこで効果を発揮するのはしっぺ返し戦略だ。

安心社会で暮らす日本人は、仲間内では集団の規律に従うが、相互監視・相互規制のくびきから離れれば個人主義的（というか自分勝手）に行動する。それに対してしっぺ返し戦略を基本とする社会で育ったアメリカ人は、仲間であるかどうかとは無関係に、人間関係をとりあえずは信頼（協力）からスタートさせる。このちがいが、社会的ジレンマに直面したときに、協力か裏切りかの選択の差となって表われるのだ。

山岸のこの説明は、にわかには納得できないかもしれない。でもぼくは、イラクからオーストラリアに移民した友人一家の話を聞いたとき、ものすごくリアルに理解できた。

イラク人の人間関係は、日本などとは比べものにならないベタなムラ社会だ。家族はもちろん一族郎党の絆は強く、貧困や差別で生活が苦しくなると、血縁を頼りにアメリカやカナダ、オーストラリアなどに移住していく。一文無しで新天地にたどり着いた彼らは、同族からの借金で雑貨店やガソリンスタンドなどを開き、年中無休二十四時間営業の過酷な条件で働きはじめる。ここまでは集団（同族）の掟に従い、その保護を受けることが、生き延びるためのただひとつの道だ。

ところがオーストラリアのような多民族国家で暮らしはじめると、彼らはたちまちのうちに、これまでのムラ社会の論理が役に立たないことを痛感する。このことを友人は、「オーストラリアに来れば、アラブ人はみんなユダヤ人が大好きになる」と、皮肉まじりに表現した。

たとえばアラブ移民が自動車修理の仕事を始めるとしよう。彼らは既存の店よりも安い価格を提示するから、さまざまな客が訪れる。ユダヤ人は（もちろんアングロサクソン系やアジア系も）しっぺ返し戦略に則って、この見知らぬアラブ人の自動車修理工を最初は信頼する。彼がちゃんとした仕事をすれば（これまでの店よりも安いのだから）喜んでお金を支払い、次も修理を頼みにくるだろう。アラブの修理工にとっての最適戦略は、人種の好悪や政治的な主義主張にかかわらず、すべての客の信頼に誠実にこたえることだ。

一方、この修理工のところにアラブ人の客がやってきたらどうなるだろう。彼らはムラ社会の論理を引きずっているので、同胞なら（同族ならもっと）安くしてくれて当たり前、と思っている。ツケ払いにされたり、支払いを後回しにされることもたびたびだ。それを断れば悪口を言いふらされ、白い目で見られる。貧しい修理工にとって、どちらがよい客かはいうまでもない。このようにして安心社会（ムラ社会）からやって来た移民たちは、たちまちのうちに信頼社会のルールに順応するのだ。

貨幣空間のトリックスター

金持ちは腹黒くて、貧乏人は純粋無垢だと、ぼくたちは当たり前のように考えている。時代劇に出てくる悪代官のように、金持ちは貧乏人を搾取して富を蓄えたに決まっているからだ。ところが金持ちと貧乏人を比較調査すると、金持ちの方が他人を信用し、貧乏人は疑い深いという困った結果が出る（アメリカにはこういう社会調査がいっぱいある）。

金持ち＝悪代官モデルは、富を権力ゲームの結果だと考える。政治空間では、誰かから富を奪うことでしか豊かになれないから、搾取や収奪が生じるのは避けられない。ところが現実には、政治空間（搾取）よりも貨幣空間（交易）ではるかに大きな富が創造されている。貨幣空間には、政治空間とは異なるルールがある。となれば、そのゲームに習熟したひとが金持ちになるのは当たり前だ。

ひと昔前は、経営者は戦国武将にたとえられた（「家康型の経営を目指せ」とか）。こういう比喩がリアリティをもったのは、日本のビジネスがムラ社会での権力ゲームだったからだ。アジアの新興国ではこうした傾向がいまも顕著で、華僑などの財閥は独裁者と結託した「政商」として莫大な富を蓄えた。

ところがいつの間にか、日本では史実をひいて経営を語るという手法はまったく流行らなくなった。市場がグローバル化するなかで、公共事業や規制産業のような政治と密着したビジネスが衰退し、「国盗り物語」型の成功モデルが絵空事になってしまったからだ。

テレビ化で話題になった山崎豊子の『華麗なる一族』は、妻妾同居の独裁的な経営者とその家族の物語だが、これは高度成長期の銀行（規制産業の典型）という特殊な舞台だからこそ成立した。後継者争いや権力争いで話題になるのは、古い同族企業だけだ。経済が高度化するにつれて、統治の倫理（搾取）から市場の倫理（交易）へと富のルールは変わっていく。

市場の倫理は、顧客に対して誠実であること、公平であること、差別しないことを求める。となれば、貨幣空間の勝者であるお金持ちとは、こうした美徳を体現したひとということになる。彼らは楽天的で他人を信用し、その一方で嘘を見抜くのがうまく情に流されない（一方的にひとを信用するだけなら、詐欺の餌食になってしまう）。

かつてのお金持ちは、お城のような建物の最上階の奥まった部屋に潜み、超越的な権威で周囲を畏怖させ、組織を睥睨《へいげい》し支配する権力者だった（西武鉄道グループのオーナーだった堤義明みたいに）。それがいまでは、世界じゅうを飛び回り、ひととひと、ビジネスとビジネスを結びつけることで富を生み出している（ソフトバンクの孫正義がその典型だ）。彼らは権力ゲームの勝者ではなく、貨幣空間のトリックスターだ。

グローバルな市場経済では、お金持ちは人種や宗教、国籍・性別・政治的な主義主張にかかわらず、誰とでも積極的につき合い、ビジネスを拡大しようとする。それに対して貧乏人は狭いムラ社会から出ようとせず、せっかくのビジネスチャンスを逃してしまう。

格差社会の底辺にいるのは、社会の犠牲者というよりは、貨幣空間（信頼社会）のルールに適応できないひとたちかもしれないのだ。

3 友だちのいないスモールワールド

スイス、チューリヒから氷河湖に沿って列車で一時間ほど南東に下り、山間の保養地サルガンスでバスに乗り換えて約三十分でファドゥーツの街に着く。道中はのどかな田舎の風景がつづき、検問はおろか国境を示す標識すらないが、小川をひとつ渡ればそこは世界でもっとも小さな国のひとつ、人口三万五〇〇〇人のリヒテンシュタインだ。

首都ファドゥーツの中心は郵便局で、そこに観光案内所、歴史博物館、バスターミナルなどが集まっている。街を見下ろす山の中腹に中世の古城があり、リヒテンシュタイン家の当主であるハンス・アダム二世がいまも暮らしている。一七一九年、ハプスブルク家の高官であったヨハン・アダム・アンドレアス公爵が神聖ローマ帝国皇帝より公国の認可を受けたのが国のはじまりだ――というような歴史の話をするよりも、宮崎駿のアニメ『ルパン三世　カリオストロの城』の舞台、といったほうがわかりやすいだろう。

リヒテンシュタインは風光明媚な観光地で、冬のスキーリゾートとしても知られている。名産品は乳製品とチョコレートで、ブランドショップの並ぶ商店街を除けば鄙《ひな》びた古都の風情だ。

でもいちばん有名なのは、この国が税金のかからないタックスヘイヴンだということだろう。

初夏の午後、ぼくはファドゥーツの街と古城を見下ろす高台のレストランで、スイスの郷土料理ゲシュネツェルテス（仔牛肉のクリーム煮）を食べていた。あいにくの曇り空だったが、それでも深い緑に覆われた山々の稜線は息を呑むほどに美しかった。大きく開け放した窓から爽やかな風が吹き込んで、まるでお伽の国にいるみたいだ。

このレストランにぼくを招待してくれたのはハインツというドイツ人で、社会主義下の東ベルリンに機械工の息子として生まれ、高校を卒業したらそのまま工場で働くことになっていた。それが十六歳のときにベルリンの壁が崩壊し、「人生のすべてが変わった」。ベルリンの大学でロシア語を学んだハインツはプライベートバンクに職を得て、いまは妻子とオーストリアに住み、リヒテンシュタインまで毎日車で通っている。ちょっとした偶然で彼と知り合い、ヨーロッパ旅行のついでに訪ねたら歓待してくれたのだ。

ぼくは国際ビジネスマンではないし、十年くらい前までは外国人の知り合いなんて数えるほどしかいなかった。ついでにいっておくと、ぼくはぜんぜん社交的なタイプじゃないし、積極的に交友関係を広げる、なんてことはこれまでやったことがない。それでもいつの間にか、香港やシンガポール、タイやベトナムからリヒテンシュタインのようなヨーロッパの小国まで、薄く広いつき合いが世界じゅうに広がっていった。

これはべつに、ぼくが特別な仕事をしているからじゃない。グローバル市場とWEB2・0

のネットワーク世界では、こうしたことは誰にでも起きる。それも、とても簡単に。

これから順番に、その理由を説明していこう。

マクドナルドに誘われた日

卒業を間近に控えた大学四年生の冬、ぼくはマクドナルドで夜間掃除のアルバイトをしていた。当時は四年の夏から秋にかけてが就職活動の時期で、学生のほとんどは内定をもらっていた。ぼくは完全な落ちこぼれで、なにをすればいいかわからずおろおろしているうちに、気がついたら就活シーズンはとっくに終わっていた。

マクドナルドの仕事は激務で、店長は夜中の一時過ぎまでその日の帳簿をつけていた。その同じ店長が、朝の六時に鍵を受け取りに来るのだから、いったいいつ寝ているのだろうと不思議だった。

ある日、深夜三時頃に真っ赤なフェアレディZが駐車場に滑り込んできた。掃除の相棒がそれを見て、「あっ、カネコさんだ。カッコいいなあ」と感嘆の声をあげた（日産のフェアレディZは、その当時、圧倒的な人気を誇ったスポーツカーだ）。

カネコさんはスーパーバイザーで、担当地域の店舗を管理し、店長を教育する立場だった。革ジャンにジーンズという軽装のカネコさんは、片手をあげて「ようっ」と挨拶すると、店内をざっと見渡した。革のブーツはぴかぴかに磨きあげられていて、文字盤がいくつもついた黄金色の時計をしていた。

帳簿を点検するカネコさんのテーブルに紙コップのコーラを持っていった相棒は、「あのひと、スゴいんだよ」と興奮気味に語った。「最年少のスーパーバイザーで、ものすごく仕事ができて、大金を稼いでいるんだよ」

店長より上位のスーパーバイザーは、アルバイトにとっては神さまのような存在だ。カネコさんは三十歳前後で、青山か六本木の豪華なマンションに住み、年収は一〇〇〇万円だと噂されていた。風呂なし共同トイレのぼくから見れば、想像を絶する身分であることは間違いない。

そのカネコさんと、いちどだけ話したことがある。十二月の終わりで、正月のシフトを確認するために店に呼ばれたのだ。年末年始は学生バイトが減るためやりくりが大変で、そのかわり時給も高くなった。ぼくはなんの予定もなかったので、おカネを稼ぐ格好の機会だった。

たまたま店に来ていたカネコさんが、ぼくの履歴書を見て、「君、就職は?」と訊いた。

「えっ……、ま、まだなにも決まってません」

どもりながら、ぼくはこたえた。

「卒業する気はあるの?」

「はあ、なんとか」

「で、そのあとどうするの?」

働くということの意味がぜんぜんわかっていなかったぼくは、ウェイターでもやって暮らしていけばいいやと思っていた。まったくの社会不適応者で、いまならネットカフェ難民一直線だ。

カネコさんは首をかしげてしばらく考えていたが、「君、うちに来る気はない？」といった。

「特別に推薦してあげるよ」

ぼくはびっくりした。マクドナルドは当時も外食産業の花形で、社員はエリート中のエリートだった。それ以前に、今年の採用はすでに終わっているはずだった。

「そんなのなんとでもなるんだよ」カネコさんは、真っ白な歯を見せて笑った。「君みたいな世間知らずが、あんがい伸びるんだよ」

その話はけっきょくお断りしたのだけど（店長やカネコさんの仕事ぶりがあまりにハードでビビったのだ）、カネコさんは嫌な顔ひとつせず、「とにかくスーツを買いなよ」とアドバイスしてくれた。「新聞の求人欄を見て面白そうな仕事があったら、面接に行って〝一所懸命働きます〟っていうんだよ。君がなにもできないことくらい、みんなわかってるんだからさ」

年明けからそのとおりのことをして、ぼくは小さな出版社に職を見つけた。

貨幣空間はスモールワールド

人間関係には強い絆と弱い絆がある。家族や恋人とは強い絆で結ばれていて、だから頼りになるけど時にはやっかいだ。近所の八百屋さんとは弱い絆しかないから、人間関係で悩むことはない。

さらにぼくたちの人間関係は、知り合いを介して外へと広がっている。この紹介のネットワークを使うと、ぼくたちはものすごくたくさんのひとと知り合うことができる。

ベーコン数は、米国の映画俳優ケヴィン・ベーコンを基準として、共演者を辿ることで、世界じゅうの映画人が何人の紹介者でつながるかを示す数字だ。これはペンシルベニア大学の学生たちが始めた遊びで、いまではそのためのサイト「オラクル・オブ・ベーコン」(http://oracleofbacon.org/)もある。

たとえばこのサイトで木村拓哉を調べると、二〇〇八年に公開された『アイ・カム・ウィズ・ザ・レイン』で共演したカナダの俳優イライアス・コティーズを介して二次(紹介者一人)でケヴィン・ベーコンとつながっていることがわかる。日本のほとんどの芸能人はキムタクと三次(紹介者二人)以内でつながるだろうから、ベーコン数が六次を超えることはめったにない。世界は思いのほか狭いのだ(アルバート＝ラズロ・バラバシ『新ネットワーク思考』〈NHK出版〉)。

このようなことが起こるのは、渡辺謙やキムタクのように海外で活躍する俳優がいるからだ。彼らがネットワークのハブ(結節点)になることで、お笑いタレントやグラドルなどローカルな日本の芸能人の人間関係も、一気に世界へと広がっていく。

これまで述べてきたように、愛情空間は濃密な人間関係だけど、その射程は半径一〇メートルくらいしかない。友情空間だって一〇〇メートル、政治空間まで拡張したって直接統治できる人数は一〇〇人が限界だ（狩猟採集時代のヒトの群れは最大でも五〇〜六〇人だった）。愛や友情だけでは、ぼくたちはきわめて狭い世界でしか生きていけない。

それに対して貨幣空間は、お金を媒介にどこまでも人間関係が広がっていく世界だ。それはまた、ハブを介してひととひとがつながるスモールワールドでもある。

愛情や友情なんてなくても、ほんのちょっとしたきっかけさえあれば、誰でも世界のどんなひととも知り合うことができる。これが貨幣空間＝スモールワールドのスゴいところだ。

地縁や血縁の強い絆で結ばれた政治空間（安心社会）では、社会的な地位はコネによって決まる。その一方で、ひととひとが弱い絆でつながる貨幣空間にも、紹介という〝人脈拡張機能〟が備わっている。そして面白いことに、困ったときにほんとうに役に立つのは強い絆の「コネ」ではなく、弱い絆の「紹介」なのだ。

親しい友人はなにもしてくれない

あるアメリカの社会学者が、マサチューセッツ州ニュートンのビジネスマン（男性の専門職、技術者、管理職二八二人）を対象に、どのようにしていまの仕事に就いたのかを調査した。新聞の求人広告や民間の紹介機関を利用したり、直接履歴書を送ったひとを除くと、過半数の五六パーセントが知り合いを通じて仕事を見つけていた。

次に、「知り合いの実態」を質問した。すると五五・六パーセントは、その知り合いとは「ときどき会う」だけだとこたえた。二八パーセントは、「めったに会わない」と回答した。頻繁に会う「友人」に仕事を紹介してもらったひとは、一七パーセントに満たなかった。知り合いを介して仕事を見つけた六人中五人は、「弱い絆」の恩恵に与っていたのだ（ダニエル・ピンク『フリーエージェント社会の到来』〈ダイヤモンド社〉）。

この奇妙な現象は、ふつう次のように説明される。

強い絆で結ばれた親しい友人は似たような仕事をしていることが多いから、転職の相談には不向きだ。それに対して弱い絆の相手は、自分とは異なる世界に暮らしているからこそ、新しい可能性を指し示してくれる。

でもこれは、「弱い絆」効果の本質ではない。

自分の血縁者を会社に入れるのはきわめて政治的な行為で、重い責任がともなう。すなわち、血縁者がトラブルを起こせばそれは自分に跳ね返ってくる。

それに対して弱い絆の紹介行為は、たまたま知り合ったひとを、たまたま知っている別のひとにつなぐだけだから、失敗しても責任を問われることはない。逆にその人間が役に立てば、相手から感謝されて貸しをつくることができる。これはいわば、損をしない投資みたいなものだ。貨幣空間では、ひととひととをつなぐことによって、みんなが得をする正のフィードバック効果が働いている。

カネコさんが夜間掃除のアルバイトを本社の人事部に紹介しようと思ったのは、ぼくが親戚でも知人の子どもでもない赤の他人だったからだ。何の関係もない人間が役に立たなくても、道端で拾った石ころの責任を取れというひとはいない。万が一ぼくが優秀な社員に育てば（そんなことはありえないけど）、「やっぱりカネコは見る目がある」ということになる。

貨幣空間の成功者は、ひととひととをつなぐことに喜びを見出している。でもこれはたんなる善意ではなく、優秀な人材を紹介することで人間関係の貸借対照表に資産を加えることができることを知っているからだ。紹介されたほうは心理的な負債を負うけれど、これは金銭とちがって返済義務はなくて、逆にそのひとを受け入れることが貸しになったりもする。

それと同時に彼らは、いろんなひとたちと積極的に知り合おうとする。パーティで立ち話をしただけでビジネスにつながったり、ウマい話が転がり込んできたりするわけはない。でも世界じゅうのすべてのひとと六次以内でつながるスモールワールドの貨幣空間では、たくさんの弱い絆の向こうに大きな鉱脈が眠っている。グローバル時代のビジネスでは、その〝真理〟を本能的に知っているひとが成功の果実を手にできるのだ（いつもではないけど）。

友だちのいない世界

政治空間の基本は、敵を殺して権力を獲得する冷酷なパワーゲームだ。それに対して貨幣空間では、競争しつつも契約を尊重し、相手を信頼するまったく別のゲームが行なわれている。人間社会に異なるゲームがあるのは、富を獲得する手段に、①相手から奪う（権力ゲーム）、②交易する（お金儲けゲーム）という二つの方法があるからだ。

政治空間の権力ゲームは複雑で、貨幣空間のお金持ちゲームはシンプルだ。誰だって難しいより簡単なほうがいいから、必然的に貨幣空間が政治空間を侵食していく。この傾向は、中間共同体ではとても顕著だ。

中間共同体とは、ＰＴＡや自治会、会社の同期会のような「他人以上友だち未満」の人間関係の総称だ。日本や欧米先進諸国では、貨幣空間の膨張によってこうした共同体が急速に消滅しつつある。ＰＴＡ活動や自治会活動は面倒臭いから、お金を払ってサービスを購入すればいい、というわけだ。

中間共同体が消えてしまうと、次に友情空間が貨幣に侵食されるようになる。友だちというのは、維持するのがとても難しい人間関係だ。それによくよく考えてみれば、たまたま同級生になっただけの他人が、思い出を共有しているというだけで、自分にとって「特別なひと」になる合理的な理由があるわけではない。だったら友だちなんていなくても、貨幣空間の人間関係（スモールワールドのネットワーク）があれば充分だと考えるひとが増えてきたのだ。

このようにして友だちがいなくなり、その代わりに知人が増えていく。貨幣空間のひとづき合いは、ルールがシンプルだからストレスがない。用事があればメールして、たまに会って食事して、ひとを紹介したり紹介されたりして、ビジネスのネタがあればいっしょにお金儲けをする。互いの本音を探り合うこともなければ、裏切られて傷つくこともない。相手が約束を破れば、黙って立ち去るだけだ。お金を稼ぐ能力さえあれば、愛情や友情などの面倒に巻き込まれることはなく、貨幣空間のフラットな人間関係だけでなに不自由なく暮らしていける。

このようにして、人類史上はじめて「友だちのいない世界」が出現した。ぼくたちは、愛情空間がダイレクトに貨幣空間（市場）と向かい合う新しい世界を生きている。

残酷な友情空間、冷淡な貨幣空間

二〇〇八年末、東京、日比谷公園に「年越し派遣村」が設営された。仕事を失い、住む家もない若者たちが何百人もそこに集まってきた。

ぼくたちがその映像に衝撃を受けたのは、非正規労働者の悲惨な境遇とか、世界金融危機の深刻さを知ったからじゃない。ついこのあいだまでごくふつうの若者だったのに、彼らには迎えてくれる家族も、貧しさを分かち合う恋人も、援助してくれる友だちもいなかったからだ。現代の貧困とは、たんに金銭的に貧しいだけではなく、愛情空間や友情空間を失い、裸のまま貨幣空間に放り出されることなのだ。

友だちのいない世界では、愛情空間は夫婦や親子、恋人単位に最小化し、人間関係はますます濃密で複雑になっていく。ぼくたちはもともと、他人と共感し、他人から大切に扱われることに喜びを感じるようにつくられている。かつてはこうした人間関係はムラ的な共同体に分散されていたけれど、いまではごくかぎられた一人か二人にすべての感情が集中している。

最近の小説や映画には、自分を中心とする小さな世界を微に入り細をうがって描くものがやたら多い。こうした特異な心象風景がなんの違和感もなく共有されるのは、ぼくたちがみな社会の片隅で、自分だけの小さな世界を守りながらばらばらに暮らしているからだ。

世の良識あるひとたちは、ひととひととのつながりが薄れたことを嘆き、共同体の復権を望んでいる（最近ではこれを「新しい公共」という）。でもぼくは、こうした立場には必ずしも与しない。彼らの大好きな安心社会（ムラ社会）は、多くのひとに「安心」を提供する代わりに、時にはとても残酷な場所になるからだ。

政治空間の権力ゲームでは、仲間（友だち）から排除されることは死を意味する。いじめが常に死を強要し（「死ね」はいじめのもうひとつの常套句だ）、いじめられっ子がしばしば実際に死を選ぶのは、人類史（というか生物史）的な圧力の凄まじさを示している。友情は、けっしてきれいごとじゃない。

それに対して貨幣空間は「友情のない世界」だから、市場の論理さえ遵守していれば、外見や性格や人種や出自は誰も気にしない。学校でいじめられ、絶望した子どもたちも、社会に出れば貨幣空間のなかに生きる場所を与えられる（そしてしばしば成功する）。これはとても大切なことだ。ぼくにはいじめられた経験はないけれど、学校生活に適応できたとはとてもいえないから、こころからそう思う。

その一方で、「友情のない世界」がバラ色の未来ではないことも確かだ。そこでは自由と自己責任の原則のもとに、誰もが孤独に生きていかなくてはならない。愛情も友情も喪失し、お金まで失ってしまえば、ホームレスとなって公園の配食サービスに並ぶしかない。

だけど、これだけは確かだ。

ぼくたちはもう、あの懐かしい三丁目の夕日（昭和三十年代的安心社会）を見ることはない。世界はよりフラット化し、人間関係はますます希薄になり、政治空間は貨幣によって侵食されていく。この巨大な潮流は、誰にも止められない。

＊

ぼくは『20世紀少年』の登場人物たちと同い年で、一九七〇年の万国博覧会のときは小学校五年生だった。その頃はみんなと同じように、友だちが生活のすべてだった。

だけど大人になるにつれて、友だちはぼくの人生から消えていった。残念だけど、これは仕方のないことだ。

愛情や友情が支配する政治空間では「お前は何者なのか」が常に問われ、集団のルールを知らなかったり、空気を読めなかったりすると仲間から排除されてしまう。みんなから認められ居場所を与えられるためには、周囲に合わせて「わたし」を変えていかなくてはならない。

それに対して貨幣空間は、ありのままの「わたし」を受け入れてくれる。愛情や友情に不器用で社会に適応できなかったひとたちも、貨幣空間ならなんの問題もなく生きていける。なぜなら、「わたし」が誰かはどうでもいいことだから。

カルト教団の教祖となった〝ともだち〟は、この残酷な事実を受け入れることができなかった。だからこそ彼は、自らの手で「友だちが友だちのままで存在する」グロテスクな未来を創造したのだ。

第3章

他人を支配できるか？

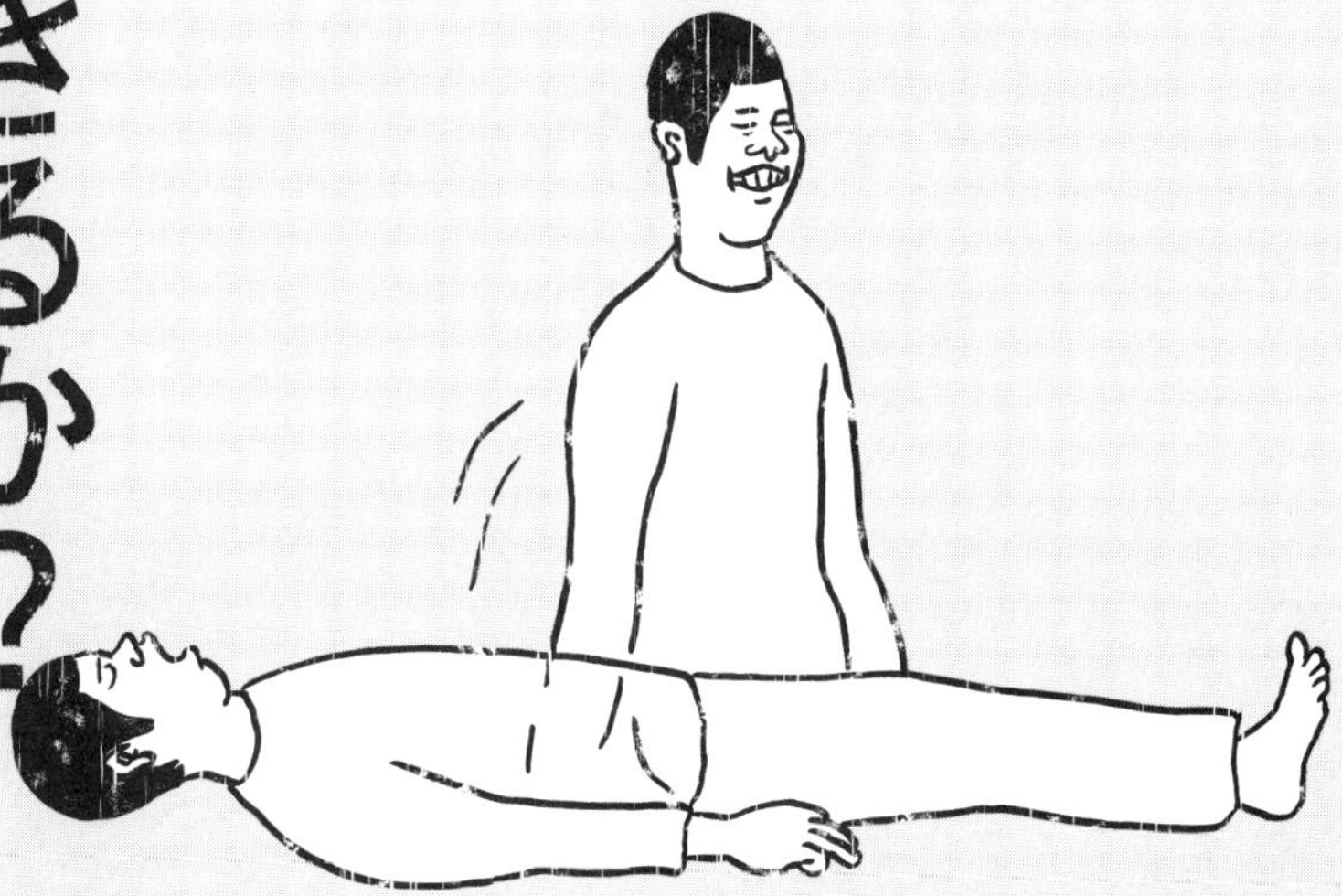

1 LSDとカルトと複雑系

ここまで、能力は増強できないし、わたしは変えられないという身も蓋もない話をしてきた。それではなぜ、自己啓発や成功哲学がこれほどもてはやされるのだろうか。書店にあふれる自己啓発本に夢中になるひとたちは、たんにダマされているだけなのだろうか。

もちろん、そんなことはない。自己啓発による成功哲学は、現実に「成功」をもたらすからこそ、これまで多くの読者に支持されてきたのだ。

成功哲学の〝教祖〟のひとりデール・カーネギーには、『道は開ける』『人を動かす』という著名な二冊の本がある。自己啓発は、自分と相手（世界）とを相互フィードバックの動的関係でとらえる思想だ。自分を変えることで相手を動かす――カーネギーの本は、書名だけで、理論の核心をこれ以上ないほど簡明かつ正確に表わしている。

人間関係をモデル化すれば、わたしのインプットによって相手のアウトプットは変わる。だったら、「わたしを変える」なんて面倒なことはしないで、相手を操ることを目的に、意図的にわたしのインプットを調整すればいいのではないか――誰だってそう考えるだろう。そしてほとんどの自己啓発本は、著者の意図とは関係なく、そのように解釈され、読まれてきた。セールスにとって重要なのは、顧客の財布のヒモをゆるめることだ。その目的は人格の陶冶《とうや》にあるのではなく、相手の選択を支配し商品の販売額を最大化することだ。そして現代科学は、ある限定した状況では、簡単なテクニックでこころの操作が可能なことを明らかにしている。

成功哲学の「成功」の秘密が、ここに隠されている。

洗脳の三段階

一九五〇年代半ば、CIA（米中央情報局）捜査官エドワード・ハンターは、朝鮮戦争で中国軍の捕虜となった兵士の一部に奇妙な現象が起きていることに気がついた。ごくふつうのアメリカ青年だった彼らは、ふたたび祖国の土を踏むときには、毛沢東を賛美し帝国主義を批判する共産主義者に転向していた。ハンターは、中国の捕虜収容所で兵士の思想の人為的な改造が行なわれていると驚愕し、これを〝Brainwashing〟と名づけた。中国語の「洗脳」の直訳である。

米軍の研究者たちは、中国軍の行なった洗脳の技術を解明しようとさまざまな実験を行ない、それを分離・移行・統合の三つのプロセスにまとめた。

分離とは、相手を日常生活から完全に隔離すること。捕虜収容所や軍隊の新兵訓練所、オウム真理教のサティアンなどがこれにあたる。洗脳対象者は名前を奪われて番号やホーリーネームで呼ばれ、私物はすべて取り上げられ、現実世界との交流を絶たれ、逃げ出す術がないことを思い知らされる。

移行では、自意識や自尊心を破壊し、セルフコントロールを失わせて精神的に不安定な状態に誘導する（頭をからっぽにする）。極端な断眠や絶食をさせたり、罵詈雑言を浴びせたり、意味不明のマントラを何十時間も唱えつづけさせることで、意識を人為的に混乱させ、正常な判断力を奪い取っていくのだ（この過程はしばしば幻覚や幻聴をともなう）。

統合とは、宙ぶらりんになった自己を〝正しい〟場所に着地させることだ。教義や思想を徹底して教え込んだ後、壁を打ち壊すような体験（イニシエーション）をさせる。軍隊では、戦場で敵を殺すことで仲間から祝福され、兵士としてのアイデンティティを確立する。中国軍の捕虜収容所では、毛沢東思想を賛美する手紙を故国の親に書くという「儀式」を乗り越えると、これまで鬼のようだった訊問官たちが満面に笑みを浮かべて抱擁してくれる。それによって捕虜は、自分が〝正しい〟場所にたどり着いたことを知るのだ。

CIAが開発した魔法の薬

冷戦下のＣＩＡは、旧ソ連など共産主義諸国との来るべき「世界最終戦争」に備え、極秘裏にさまざまな軍事研究に乗り出した。そのなかでも彼らがもっともちからを入れたのが、敵のスパイから情報を聞き出すための洗脳技法の開発だった。

だがこの試みは、当初考えられていたほど容易なことではなかった。

ＣＩＡの研究者たちは、相手の意志に反して機密を自白させる魔法の薬を手に入れようとして、マリファナからメスカリン（ペヨーテサボテンに含まれる幻覚物質で、メキシコの呪術師が宗教儀式に用いた）、アンフェタミン（覚醒剤）、コカイン、ヘロイン、ＬＳＤなどさまざまな幻覚物質を試した。もっとも見込みがあったのはＬＳＤで、試験投与されたＣＩＡ局員は、「重大な軍事機密」だと箝口《かんこう》を厳命されていたにもかかわらずたちまち詳細をしゃべってしまい、おまけに自分が機密を漏らしたことをまったく覚えていなかった。

だが神秘の薬を発見したという興奮は、たちまち落胆へと変わる。ＬＳＤは取り扱いが難しく、時間や空間のいちじるしい歪曲や奇怪な幻覚のために被験者はしばしば大混乱を起こし、全能の神になったように妄想をしゃべるか、内にひきこもって貝のように口を閉ざしてしまうのだ。

兵士をモルモットに数々の人体実験を行なった挙句、科学者たちはＬＳＤによる洗脳をあきらめ、その代わり戦闘用化学兵器としてＬＳＤを散布する奇襲作戦を考えつく。兵士も住民も誰も彼もがトリップしている間に、地上部隊が進撃し、無抵抗のまま敵国の都市を占領する〝幻覚攻撃〟が、連邦下院の科学・宇宙航空委員会で真剣に議論された。

CIAは、開発元であるスイスの製薬会社からLSD一〇キロ、一億服分というとてつもない量を購入すると、全米の大学や研究所に無償で配布し軍事利用の可能性を探った。一九六〇年代に入ると、アメリカじゅうの研究機関が膨大な量の麻薬物質を保有するようになり、やがてこの奇妙な幻覚剤は、自分の内面を旅する「自己啓発」の道具として、カウンターカルチャーとヒッピームーヴメントの幕を開けることになる（マーティン・A・リー、ブルース・シュレイン『アシッド・ドリームズ――CIA、LSD、ヒッピー革命』〈第三書館〉）。

こうした荒唐無稽な実験の挙句、脳には強い復元力があり、ひとのこころは容易には変わらないことが明らかになった（中国で洗脳された米軍兵士も、帰国後しばらくたつとアメリカ社会に順応していった）。米国の軍事研究者たちは、人間の本性に反した洗脳が不可能であることを認めざるをえなかった。

しかしその一方で、ほんのささいなきっかけから、ひとは簡単にこころを操られてしまう。なぜなら、本人がそれを望んでいるからだ。

幽体離脱とてんかん

作家・村上春樹は『約束された場所で』（文春文庫）で、地下鉄サリン事件から三年後のオウム真理教信者（元信者）八人のインタビューを行なっている。彼らの多くは三十代で、教祖・麻原彰晃を批判するひと、オウムの犯罪は認めても宗教体験は擁護するひと、教団への関心を失ってしまったひとなど、意見も考え方もさまざまだ。それでも、全員に共通することがある。彼らはみな自らの意志でオウムに入信し、出家の道を選んだのだ。

たとえば「神田美由紀」は十六歳のときに麻原の本を読んで感銘を受け、二人の兄といっしょに兄妹全員でオウム真理教に入信し、その後すぐに、修行に集中するため高校を中退して出家した。

彼女は霊感が強く、夢のなかで毎日のように幽体離脱を繰り返し、そのうちに夢と現実のちがいすら曖昧になった。高校に入っても、受験にも恋愛にも友人たちとの他愛のない会話（ファッションとかカラオケボックスとか）にもまったく価値を見出せず、戦争や貧困によって世界のあちこちでたくさんの人たちが死んでいく「深い悲しみ」と、幸福は永遠には続かないという「この世の無常」に苦しんでいた。二人の兄も、彼女ほどではないが同じような夢の体験をしていて、彼らが麻原の本を読んでいたことから、美由紀は三人でオウムの道場に行き、「悟りと解脱」を求めてその場で入信を決める。

ところで現代の脳科学では、幽体離脱は側頭葉のてんかん（電気的な痙攣）が原因であることがわかっている。神秘体験のまったくないひとでも、側頭葉に軽い電気ショックを受けただけで、意識が身体から離脱し自分を天井から見下ろすことができる。

あなたはいま、春の陽光を浴びながら渚を一人で歩いている――そんな光景を思い浮かべてほしい。

あなたはきっと、波打ち際を散歩する自分を斜め後方から眺めたはずだ。これは人間の脳に共通の構造で、前方や真横、真上から自分の姿を見るひとはいない。ヒトの祖先はずっと樹上生活をしてきたから、ぼくたちの意識はもともと、自分の位置を空間的に把握するために身体から離脱するようにできている。そしてこの〝空間的知能〟がなんらかの理由で鋭敏になると、幽体離脱という神秘体験になるのだと考えられている（スーザン・ブラックモア『生と死の境界――「臨死体験」を科学する』〈読売新聞社〉）。

美由紀たち神田家の兄妹は、おそらくは遺伝的な影響で、側頭葉のてんかんによって子どもの頃から日常的に神秘体験に晒されてきた。そんな彼らが、自らの特異な能力を受け入れ〝開発〟してくれる新興宗教に惹かれていくのは不思議でもなんでもない。

美由紀は出家して四年で解脱を得、自分の前世を思い出したり、相手がどの世界に転生するのかを見ることができるようになった。そんな彼女にとって精神世界を旅する以外に生きる理由はなく、地下鉄サリン事件後も俗世に戻ることはいちども考えたことがないという。

ほかの信者や元信者も、入信の動機はまちまちでも、強引な勧誘や強制ではなく、自らオウム真理教に引き寄せられていったのは同じだ。

ある者は、破滅こそが宇宙の法則であり「死後の世界」だけがそこから逃れる道だと思いつめ、神秘思想からヨーガ、密教へと向かっていった。別の男性は、障害児の兄が死んだことで

「世の中は不平等で弱者は救われない」と絶望し、東京で一人暮らしを始めたものの強いうつと強迫神経症に苦しむようになった。彼を救ってくれたのは、「修行して解脱すれば、この悪い世界を変えることができる」という麻原の言葉だった。一方、夜遊び好きなごくふつうのOLだった女性は、たまたま入った近所の美容院でオウムのパンフレットを見せられ、半信半疑でヨーガの浄化法を試したところアトピーがぴたりと止まったことから、あっさり入信を決めてしまう……。

麻原の説くオカルティズムには、ある種のひとたちを誘引する強い磁力がある。ひとがなにに引き寄せられるかは無意識の衝動だから、これは「運命」と呼ぶしかない。カルト教団の教祖をグル（師）と信じた彼らは、自分で自分を「洗脳」し、絶対的な帰依を捧げるようになったのだ。

脳の配線が神を生み出す

ぼくたちはみな、無意識のうちに単純な物理法則や因果関係で世界を把握しようとする。生後間もない乳児の前で、衝立の背後にボールを転がしてみせる簡単な実験がある。右手から転がってきたボールが、衝立の裏を通って左手から出てきても乳児は表情を変えない。ところが、ボールが出てこなかったり、跳ね返って右手から出てきたり、左手から二つのボールが出てきたりすると乳児は驚く。生まれたばかりで慣性の法則を理解できるわけはないから、これは教育や経験によるものではなく、脳にあらかじめインストールされたプログラムだ。

一見、奇異に思えるかもしれないが、考えてみればこれは当たり前のことだ。獲物を追いかける肉食獣は、目標が岩や木の陰に逃げ込めば、先回りして襲いかかる。そのときに、姿が見えなくなったからとあきらめたり、関係のない場所で待ち伏せしていたら、たちまち飢死してしまうだろう。だとしたら、日常生活に必要な物理法則は、進化の過程で、すべて生得的に与えられているにちがいない。

あるいは、ひとは無意識のうちに、不規則に動くものの背後に意志を見ようとする。

コンピュータの画面にドットを右から左に走らせても、ぼくたちはそれを生き物だとは思わない。ところが二つのドットを画面上でランダムに動かすと、それがプログラムだとわかっていても、自らの意志で互いに近づいたり離れたりするのだと思ってしまう。

あらゆる生き物にとって、ほかの生き物は危険であると同時に、生きる糧（食糧）でもある。だとしたら脳（というか神経系）にとってもっとも重要な機能のひとつは、それが生物であるか無生物であるかを瞬時に判断することだ。生物（捕食者）を無生物と誤解することは、無生物（画面上のドット）を生物と誤解するよりもはるかに致命的なので、ぼくたちは動くものの背後に意志を読み取るように進化論的に最適化されているのだ。

ところが困ったことに、世界はこのような単純なルールだけでできているわけではない。そのためヒトは、確率的な事象を正しく把握することがものすごく苦手だ。

サマージャンボや年末宝くじの季節になると、「よく当たる売り場」が雑誌やテレビで特集される。ロト6では、過去の当せん番号を分析したり、購入日を変えたりするさまざまな「必勝法」が紹介されている。しかしいうまでもなく、これはただの偶然で数学的にはなんの意味もない。しかし哀しいことに、ぼくたちは「一等の出た売り場には幸運を呼び寄せるなにかがあるにちがいない」とか、「数字の背後には秘密の法則がはたらいている」とかの因果論的な錯覚におちいり、お金をドブに捨ててしまう（ここであらためて説明はしないが、期待値を考えると、宝くじを買うこと自体が非合理的な行動だ）。

そしてさらに困ったことに、世界のほとんどは確率論でもとらえられない複雑系だということが最近になってわかってきた。複雑系はいくつかのハブによって結ばれた緊密なネットワーク（スモールワールド）で、地球の大気から生物の身体、インターネットや金融市場、さらには脳の構造（ニューロンのネットワーク）まで、ぼくたちはさまざまな網の目に取り囲まれている（というか、ぼくたち自身が〝網の目〟でもある）。

複雑系の特徴のひとつは、初期値のわずかなちがいがネットワークのフィードバック効果によって、大きな結果の差となって表われることだ。気象学者のエドワード・ローレンツはこれを、「ブラジルで蝶が羽ばたくとテキサスで竜巻が起こる」と表現し、〝バタフライ効果〟として知られるようになった。何億年も先の日食を正確に予測できる科学が、明日の天気すら当てられないのは、星の運動がニュートン力学で解析可能なのに対し、気象がバタフライ効果のはたらく複雑系の現象だからだ。

ところがぼくたちは、この〝複雑な世界〟を論理では理解できたとしても、直感的に納得することができない。カオス理論を知らなくても生きていくにはさして困らないから、脳にプレインストールされたプログラムには入っていないのだ。

そこでぼくたちは、複雑系の世界の出来事を因果論で解釈し、そこに何者かの意志を読み取ろうとする。これは無意識のはたらきだから、後天的な学習によって修正しないかぎり、自覚することは不可能だ。

あらゆる人類社会に〝神〟が普遍的なのは、霊や死後の世界が実在するからではなく、ヒトの脳が神を生み出すように（たまたま）配線されていたからなのだ（パスカル・ボイヤー『神はなぜいるのか？』〈NTT出版〉）。

サイキックマフィア

ぼくたちの脳は複雑な世界を複雑なまま理解できないから、説明原理としての〝神〟が否応なく登場する。これは人間の本性だから、いちど神秘体験をするとのめり込むように信じてしまう。

M・ラマー・キーンは世界心霊主義者協会の理事で、世界でもっとも高い料金を取る霊媒の一人だった。霊媒は全米各地で交霊会を催し、神秘体験を求めるひとたちの前で霊視能力や念動作用、心霊療法などさまざまな奇跡を演じてみせる。スター霊媒ともなれば湯水のごとくカネが流れ込み、王侯貴族のような豪邸に暮らし、美女をはべらせて最高級のレストランで食事をし、超一流のナイトクラブで札束をばら撒く夢のような生活が待っている。

ラマー・キーンがほかの霊媒とちがっていたのは、虚飾の生活に倦《う》んで正直な人生を送ろうと思い直したことだ。彼は『サイキックマフィア』（太田出版）という本を書き、〝幽霊ビジネス〟のカラクリを暴露した。

交霊会では、さまざまな〝奇跡〟が演じられる。物体移動（テレキネシス）の実演もそのひとつで、たとえばこんな感じだ。

会場から指名され壇上に上げられた男に、霊媒が訊く。「免許証をなくされたんじゃないですか？」

怪訝そうな顔で、男は反論する。「そんなはずはないよ。免許証はいつも財布に入れてるんだ」

「だったら、確認されたらどうですか？」

男が財布を開けると、免許証はどこにもない。

「お捜し物はこれですか？」霊媒は、胸のポケットから男の免許証を取り出してみせる。

もうすこし手の込んだもののもある。

交霊会で、年配の女性に霊媒が訊ねる。「最近、大切なものをなくされたんじゃないですか？」

女性は驚いた顔でこたえる。「そのとおりです。夫の形見なので、ぜったいになくさないようにしまっておいたんですが」

「それは、ブルーサファイアのカフスボタンではないですか」

女性は、口をぽかんと開ける。「なぜそのことを知っているんですか？」

「あなたの大切なものは、ここにあります」霊媒は中空からカフスボタンを実体化させると、感激する女性の手に握らせる。

なぜこんな〝奇跡〟が起きるのだろう。そんなことは簡単だと、ラマー・キーンはいう。

霊媒は、交霊会のためにスリを雇っている。スリは不注意な男の上着から財布を抜き取り、免許証を取り出してまた戻しておく。霊媒は、テレキネシスの実演の際にその男を指名すればいい。

交霊会を催す前に、広告などで参加者を募る。霊媒は、そのなかから適当に何人か選ぶと、人を雇って花を届けさせる。家のなかに入ると、花屋に扮した男は居間や寝室から大事そうな小物をひとつ失敬してくる（その後はご想像のとおり）。

さらにラマー・キーンは、霊媒の世界には秘密結社（サイキックマフィア）があって、神秘体験に大金を投じる潜在顧客（カモ）のデータベースを共有しているという驚くべき告発をした。あなたがふとした気まぐれで近所の霊媒に悩みを打ち明けると、そのデータがサイキックマフィアに送られる。あなたはその霊媒に満足できず、人づてで知ったもっと評判のいい霊媒を訪ねるかもしれない。するとその霊媒は、不思議な霊視能力であなたの悩みを次々といい当てるのだ。

どんな社会にも、神秘体験に惹かれるひとが一定数いる。彼らは既成の宗教に満足できず、〝ほんものの奇跡〟を求めてオカルトの世界を放浪する。そんな彼らのために〝超能力〟を演じ、効率的に搾取する仕掛けができているのだ。

もちろんぼくは、世界のすべての秘密が科学で解明できると考えているわけではない。この世には、まだ知られていない超越的なちからがはたらいているのかもしれない。でも次のことは覚えておいた方がいい。

ラマー・キーンがアメリカで幽霊ビジネスに精を出していたのは一九六〇年代のことだ。それから半世紀が過ぎ、科学はずいぶん進歩し、ペテンのテクニックはもっと進歩した。

権威と服従

あなたは、ある高名な大学の心理学実験に協力することになった。それは記憶と学習に関する科学研究を完成させるためのもので、参加するだけで五〇〇〇円の報酬が支払われる。

お金を受け取った後、白衣を着た教授から実験の説明を受ける。実験のテーマは、「間違えると罰を与えることで学習効率は上がるか」というもので、参加者は二人一組で、くじ引きで先生役と生徒役に分かれる。

生徒役は隣の部屋に移され、「電気椅子」にしばりつけられる。あなたは先生役で、マイクとスピーカーで生徒役と会話しながら記憶についての質問を読み上げ、正解なら次の質問に移り、間違っていれば手元のボタンを押すよう求められる。それによって被験者に電気ショックが与えられ、それが正答率にどのように影響するかが測定されるのだ。

あなたはあらかじめ四五ボルトのサンプル刺激を体験し、この装置が本物だということを確認している。電気ショックはかなり痛いかもしれないが、長期的な器官損傷の心配はなく、万が一事故が起きたとしてもすべての責任は教授と大学が負うことが約束される。

実際の実験では、生徒役が間違えるたびに電圧は一五ボルトずつ上げられていき、最終的には四五〇ボルトにもなった。電圧が上がるにつれて、隣の部屋にいる生徒役のうめき声がスピーカーから漏れてきて、それはやがて抗議と哀願に変わり、しまいには泣きながら「やめてくれ」と叫ぶようになる。

生徒役の苦痛を知って、あなたはどうしようか迷い教授を見る。教授は、「つづけてください」と厳しい声で告げる。それでもボタンを押さないと、「つづけてもらわないと実験が成り立ちません」「とにかくつづけてもらわないと本当に困るんです」と強く指示され、さらに迷っていると、「ほかに選択の余地はないんです。絶対につづけてください」と命令される。ここまでいわれても従わないと、「実験」は終了となる――じつはあなたが被験者で、隣の部屋で泣き叫んでいる生徒役は演技だったのだ。

心理学者のスタンレー・ミルグラムは、権威が与える影響を調べるためにこの伝説的な実験を企画した。彼は最初、被験者は、電気ショックを受けた（と信じている）生徒役の悲鳴や哀願を聞けばボタンを押すのを止めるだろうと予想していた。だが驚くべきことに、四〇人の被験者のうち、三〇〇ボルトの段階では全員が、最大値の四五〇ボルトでも六五パーセント（二六人）がボタンを押したのだ。

もちろんほとんどの被験者は、理不尽な苦痛を与えることに抵抗した。なかにはストレスに耐えかね、狂ったように笑い出す被験者もいた。しかしその一方で、教授の命令に従って最後まで平静にボタンを押しつづけた被験者もいた。

ミルグラムはこれ以外にもさまざまな条件で実験を行ない、ぼくたちの判断が権威によっていかに簡単に操作されてしまうかを明らかにした。実験後の聞き取り調査では、被験者たちは、「相手を苦痛から解放するために、早く実験を終わらせようとボタンを押した」「自分はただ命令に従っただけで、どうしようもなかった」などとこたえた（『服従の心理』〈河出書房新社〉）。

有能な心臓外科医だった林郁夫は、オウム真理教に入信して教団幹部となり、教祖の麻原から地下鉄サリン事件の実行犯に指名される。

駅のホームで電車を待ちながら、ランドセルを背負った子どもや、会社に向かう女性を見て林は逡巡する。だが激しい葛藤の挙句、きわめて高い教育を受けたこの善良な医師は、これは正義を実現するための「戦争」で、大義のために死んだ魂はよりよい転生が約束されているのだと思いなおし、グルの命令に従って、満員の車内でサリン入りのビニール袋を傘の先端で突き刺すのだ（『オウムと私』〈文春文庫〉）。

CIAによる軍事実験は、人間の本性に反してこころを操るドラッグやテクノロジーが存在しないことを明らかにした。しかし無意識のちからを巧妙に利用すれば、簡単なテクニックで、ひとはとてつもなく不合理な選択を当然のごとく受け入れてしまうのだ。

2　こころを操る方法

東京、文京区大塚の住宅街に、その古い日本家屋はあった。一階の奥が板張りの道場になっていて、壁に明治天皇、キリスト、釈迦、孔子の肖像が掲げられている。正面に神棚と祭壇があって、そこに白いデスマスクが置かれていた。一九六〇年、十七歳のテロリスト山口二矢《おとや》は日比谷公会堂で演説中の社会党委員長・浅沼稲次郎を刺殺し、その後自らも東京少年鑑別所で首吊り自殺した。そのデスマスクは、山口がかつて所属した右翼団体・大日本愛国党の本部にずっと安置されてきたのだ。

一九八九年は昭和天皇の崩御で始まり、バブル景気が頂点を極め、ベルリンの壁が崩壊した歴史に残る年だった。二月二十四日に執り行なわれた大喪の礼の前日、ぼくは大日本愛国党総裁・赤尾敏のインタビューに同行して大塚の本部を訪ねた（岩上安身「救国のキリストか銀座のドンキホーテか」『平成元年の右翼』〈宝島社〉所収）。

赤尾は明治三十二年に生まれ、大正デモクラシーの洗礼を受けた生粋の理想主義者で、高校（旧制中学）時代に療養先の三宅島で孤児たちの共同農場を運営し、原始共産制のユートピアを目指した。その後、社会主義者から極左アナキストの活動家になったものの、運動の前途に絶望して右翼に転じ、真珠湾攻撃（一九四一年）翌年の衆議院選挙で当選。政治家となっても孤高を貫き、英米との戦争に反対し、東條英機首相の施政方針演説に野次を飛ばして議場退席処分を受けるなど、一貫して反体制の旗を掲げつづけた。

戦後はGHQから公職追放を受け、大日本愛国党を結成。浅沼委員長を刺殺した山口につづき、六一年にやはり十七歳の元党員が、天皇・皇族が殺害される深沢七郎の小説『風流夢譚』に抗議して出版元の中央公論社社長宅を襲い、家政婦を刺殺、社長夫人に重傷を負わせるテロ事件を引き起こした。このふたつの〝政治テロ〟によって、赤尾と大日本愛国党は右翼の歴史にその名を刻むことになる。

ぼくが出会ったとき赤尾は齢九十歳で、銀座、数寄屋橋で雨の日も風の日も（雪でも嵐でも）毎日欠かさず激烈な辻説法を行なっていた。天皇の戦争責任を認め、民族主義を否定し、人類普遍の道を説くその姿は、過激な右翼というより宗教家か社会革命家のようだった。

大塚の道場で話を聞いていると、近所のおじさんが「先生、これ差し入れだよ」と焼き芋を持ってきた。

三時間ぶっ通しで語りつづけた後、近所の寿司屋に誘われた。途中で出会った制服姿の女子高生が、「あかおさ〜ん」と手を振った。「なんだ、あいつらは」と、老右翼は戸惑った表情を浮かべた。

寿司屋の親父が「先生はいつまでもお若いですねえ」とお追従《ついしょう》をいうと、「いやいや。わしももうすぐご大葬じゃよ」と快活な冗談を返した。血みどろの歴史を背負った右翼の巨魁《きょかい》は、この界隈の人気者だった。

その寿司屋で、ぼくたちはお茶を飲みながら一五〇〇円くらいのにぎり寿司を食べた。午後九時を回って話が一段落すると、赤尾はすっと立ち上がり、カウンターにいる親父の前に一万円札をぽんと置いた。

そのすこし後に、老右翼は東京都選挙区から参議院選挙に立候補し、憲政の神様・尾崎行雄らと並ぶ国政選挙史上、最高齢の候補者となった。ぼくは投票所に行って、赤尾敏に一票を投じた。

〝お返し〟のちから

ぼくは長いあいだ、自分がなぜ赤尾敏に投票したのかわからなかった。そして社会学者ロバート・B・チャルディーニの『影響力の武器』（誠信書房）を読み、ようやく謎が解けた。

チャルディーニはとても騙されやすい人間で、若いときから読みたくもない雑誌を購読し、清掃局員の舞踏会のチケットを買わされ、自分でも心配になるくらいカモられてきた。そこで、承諾誘導——心理的な要因を利用してＹＥＳと答えさせる技術——について研究しようと考えた。

チャルディーニはさまざまな〝影響力の武器〟を採り上げているが、そのなかでもっとも強力なのが返報性（互酬性）の掟――「なにかしてもらったらお返しをしなくてはいけない」という人間社会に普遍的な規則・習慣――だ。

チャルディーニはこの返報性の威力を、ハレー・クリシュナ協会の募金集めを例にとって説明している。

ハレー・クリシュナは一九六五年にアメリカで設立されたヒンドゥー系新興宗教で、最高神の一人ヴィシュヌ神への絶対帰依を説く――というような説明をするよりも、だぶだぶの僧衣を身にまとい、足に布を巻き、鉦《かね》や太鼓を鳴らしながら街頭で歌い踊るひとたち、といったほうがわかりやすいだろう。十年くらい前までは、新宿や渋谷の駅前でもたまに見かけた。信者の多くは欧米の白人で、ヨーガを学び、徹底したベジタリアンで、〝東洋の神秘〟にかぶれている（ビートルズのジョージ・ハリスンが影響を受けたことでも知られる）。

チャルディーニの観察によれば、ハレー・クリシュナの信者たちは、空港や駅のような人通りの多い場所で、通行人の手にいきなり花を押しつけたり、ピンで上着に留めたりしていた。当然、通行人は「こんなものいらない」と抗議するが、「いいえ。これは私たちからのプレゼントです」と言い張って返すことを許さない。そのうえで、「恩人から乞食に変貌」して、協会への寄付を求めるのだ。

チャルディーニは空港で、差し出された一輪の花を思わず受け取ってしまったビジネスマンを目撃する。彼はその花を返そうとするが、どうしても受け取ってもらえない。

明らかに男性の顔に迷いの色が浮かぶ。この花をもって、何もお返しを与えることなしに立ち去ってしまうべきか？　それとも、深く根付いている返報性のルールの圧力に屈して、何がしかの寄付をするべきだろうか？　今やこの迷いの気持ちは、顔だけでなく姿勢にも表われている。相手から少しでも離れたいかのように身を反り返したかとおもうと、今度は返報性のルールの力で引き戻される。もう一度離れようとするが、駄目。どうしてもその場を後にすることができない。男がポケットを探り一ドルか二ドル取り出して渡すと、相手は丁重に受け取る。これで、やっと自由になれる。実際、自由になって男は「贈り物」を手に歩き出す。そして、ゴミ箱を見つけると、手にしていた花をポイと投げ捨てた。（『影響力の武器』）

この単純な戦略によってハレー・クリシュナ協会は驚くべき成功を収め、莫大な経済的利益で寺院・事業・建物などを所有し、アメリカ国内と外国において一〇八ヶ所もの協会支部を持つにいたった。

チンパンジーにも所有権がある

お中元やお歳暮を例に出すまでもなく、ぼくたちの社会に返報性のルールはあまねく行き渡っている。ひとから親切にしてもらってお返しをしないと、ぼくたちは生理的に不快になる。親切にしたのにお返しがないと、もっと不快になる。だがこれは、人間だけの特徴ではない。返報性(互酬性)が成立するためには、所有権が不可欠だ。自分が所有していないものを贈与することなど、できないからだ。

チンパンジーは厳しい階層社会を構成するが、群れの序列にかかわらず、最初にエサを手にしたサルの所有権が尊重される。そうなるとボス(アルファオス)ですら、分け前をもらうために、掌《てのひら》を上に差し出してお願いをしなくてはならない(物乞いのポーズだ)。

ところで、チンパンジーが私的所有権を理解しているのはそれほど奇異なことではない。彼らもヒトと同じく高度に社会的な動物で、ボスはライバルたちとの力関係(パワー・ポリティクス)と、群れのサルたち(一般大衆)の暗黙の支持の上にかろうじてその地位を保っている。所有権を無視してエサを奪えば恨みを買い、いずれはその地位を失うことになる。

チンパンジーたちはグルーミング(毛づくろい)からセックスまで、さまざまなサービスと引き換えに分け前に与ろうとする。そこで効果を発揮するのが返報性で、気前のいいサルは輪のなかにさりげなく入るだけで簡単にエサをもらえる。それに対して吝嗇家は、どれほどしつこくねだっても相手にされない。

チンパンジーもヒトも、贈与と返報によって社会のルールをつくっていく。だが交換されるのは、よいものばかりとはかぎらない。マイナスの贈与の応酬はサルでもヒトでも頻繁に観察され、復讐と呼ばれる。

「目には目を、歯には歯を」の掟から、和解や調停といった社会行動が生まれる。

相手の腕に噛みついたチンパンジーは、復讐を心配してさかんに怪我をさせた腕を覗き込み、グルーミングをして和解を持ちかける。双方の対立がのっぴきならなくなると、できるだけ味方を増やそうと仲間にエサを分け与えたり、親切にしたりする。彼らの行動の基本には、常に返報性のルールが隠されている（フランス・ドゥ・ヴァール『あなたのなかのサル』〈早川書房〉）。

だがこの掟は、ヒトやサルのような高度に社会化された動物だけのものではない。地球上のさまざまな場所で、返報性のルールが報告されている。

吸血コウモリと返報性の罠

動物学者のジェラルド・ウィルキンソンは、勤務先のメリーランド大学に吸血コウモリの巨大なコロニーをつくり、その大群を真下から観察しながら長い時間を過ごした。

吸血コウモリは夜になると巣を飛び立ち、ウシやブタ、ウマなどの背後にそっと忍び寄って、三ミリほどの鮮やかな切り傷をつくる。コウモリの唾液には血液凝固を防ぐ物質が含まれており、一回の食事で体重の四〇パーセントもの血を吸って帰路につく。

ところが、吸血コウモリがこの方法でエサにありつける確率はそれほど高くない。かなりの数のコウモリが血を吸うことなく、腹をすかせたまま帰還するのだ。

血液は腐りやすくて保存がきかず、おまけに吸血コウモリは空腹のままでは三日ほどで息絶えてしまう。そこで幸運にもエサにありついたコウモリは、文字どおり血に飢えた仲間にそれを分け与える。

ところでなぜ、吸血コウモリはこのような利他的な行動をするのだろう。ウィルキンソンは、そこに返報性のルールがはたらいていることを発見した。驚くべきことに吸血コウモリは、過去に自分に血を贈与してくれた仲間を記憶していたのだ（マリアン・S・ドーキンズ『動物たちの心の世界』〈青土社〉）。

今は満腹のコウモリも、明日は飢餓に怯えているかもしれない。相互扶助の仕組みがなければ、空振りが三日つづいただけで死んでしまう。その過酷な条件を考えれば、吸血コウモリが血の交換をするのはきわめて合理的だ。

このように動物の世界には、返報性のルールがあふれている。それは遺伝子にプログラムされ、吸血コウモリやチンパンジーやヒトの行動を支配する――もちろんぼくも。

　ジャーナリズムの世界では、取材する側が食事代金を支払うのが基本ルールだ。とりわけ取材対象者に批判的な記事を書くかもしれない場合、当の本人におごってもらうなどということがあってはならない。だけどぼくはそのときまだ二十代で、齢九十歳の伝説的な老右翼に一万円札を突き返すだけの勇気がなかった（たぶんいまでもない）。行きつけの店でそんな無粋なことをすれば、彼の面子をつぶすことにもなっただろう。

　もちろん赤尾敏は、貸しをつくろうと思って、ひ孫のような世代の取材者に寿司をおごったわけではない。でもぼくはずっとそのことに負い目を感じていて、次の選挙のとき、投票によってそれを清算しようとしたのだ。

　いうまでもなく、これはまったく無意味な行為だ。老右翼はぼくの投票のことなど知らないし、そもそも寿司代を払ったことすら覚えてはいないだろう。そのまま放っておいたって誰も気にしたりしない。

　だからぼくは、自分がなぜそんなことをしたのかずっとわからなかった。自分の意志で投票したにもかかわらず、その理由を知らないというのは、かなり居心地の悪い状況だ。そして十年たって、ようやくその答えを見つけ出した。

　なんのことはない。自分で自分を返報性の罠にはめていたのだ。

影響力の武器

チャルディーニは返報性以外にも、典型的な〝影響力の武器〟をいくつも紹介している。

〈権威〉

医薬品のコマーシャルに、白衣を着たタレントがしばしば登場する。とりわけそのタレントがテレビドラマで医師の役を演じていたりすると、CMは素晴らしい効果を発揮する。視聴者は、彼が専門家の振りをしていることをよく知っているにもかかわらず、その商品を権威ある医師が薦めたものと錯覚するからだ。

ミルグラムの実験が示すように、権威はあらゆる場面で強い影響力を発揮する。ひとが肩書にこだわるのは、その効果をよく知っているからだ。

〈希少性〉

トキはかつてはありふれた鳥で、田畑の作物を荒らすとして忌み嫌われ、乱獲の対象となった。ところが佐渡島にわずかに数十羽が生息するだけになると突然、その優雅な姿がひとびとのこころを捉え、二〇〇三年に最後の日本産トキが死亡すると国じゅうが悲しみに包まれた。なぜこれほどまでにひとびとの行動が変わったかというと、日本人がトキの美しさに目覚めたからではなく、その存在が希少になったからだ。ぼくたちは、希少なものには価値があると無条件に思い込むようにできている。

希少性の原理は、禁止されたり検閲されたものほど魅力を増す、という皮肉な現象をうまく説明する。日本の大学生が大麻に興味を持つのは、公権力によって禁止されているからだ。マリファナが合法化されたオランダでは、コーヒーショップ（マリファナ喫茶）に集まるのは観光客ばかりだ。

〈好意〉

自宅でホームパーティを開き、タッパーウェアなどを販売するアメリカ生まれのビジネスが日本でも一世を風靡した（一時は株式市場に上場までしていた）。大きな利益を生み出した理由は、商品（いまや一〇〇円ショップでも売っている）の素晴らしさではなく、友人関係を利用した販売手法にある。友だちは好意であなたをパーティに誘い、好意であなたにタッパーウェアを勧める。社会的な生き物である人間は、親しいひとの誘いを断ることができない。

営業の極意は、いかに顧客に好意を持たせるかだ。ひとは、自分に似ているひとに好意を抱く。スーパー営業マンは絶世の美女や白面の美男子ではなく、誠実そうで平凡な容姿をしている。

〈社会的証明〉

アフリカのサバンナに棲むガゼルは、ライオンが忍び寄ってくるのに気づくと一斉に駆け出す。このとき一匹だけへそ曲がりのガゼルがいて、冷静にその場の状況を判断しようと考えれば、真っ先に餌食になってしまうだろう。すなわちガゼルにとっては、盲目的に群れと同じ行動をとることが生き延びる最適戦略だ。

進化の頂点に立つヒトも、当然、この性質を受け継いでいる。これが社会的証明で、要するに、「みんながやっていることには無条件で従う」という心性だ。

この社会的証明がいかに強力かは、繁華街で空を見上げて立っているだけで簡単に証明できる。最初はみんな、あなたのことをヘンな奴だと避けて通るだろう。だがそのうち、あなたの真似をして空を見上げるひとが現われる。その人数が一定数を超えれば、通行人はみんな足を止めて空を見上げるようになる。

ベストセラーやヒット曲が生まれるのも同じ理屈だ。みんなが読んでいる本や、みんなが聴いている曲は、それだけでさらに多くのひとを引きつける。このようにして、『ハリー・ポッター』のような超ベストセラーが誕生する。

〈コントラスト効果〉

新車を買うと、カーステレオやカーナビ、アルミホイールやスポーツタイヤを勧められる。どれも高額商品だが、車本体の価格と比べると割安に感じられるので、ついつい財布のひもがゆるんでしまう。このコントラスト効果は、販売マニュアルの基本中の基本だ。

中古車のディーラーでは、最初に魅力のない車を何台か見せておいて、その後で割高だがそこそこの車を案内する、という方法もよく使われる。宝石店やブランドショップでは逆に、とうてい手の届かない高額商品を最初に見せて、クレジットカードの分割払いならなんとか買えそうな商品を勧める。いまだにぼくたちは、こんな古臭い心理トリックに簡単に騙されてしまう。

〈勝者の呪い〉

オークションには「勝者の呪い」という効果が働き、売り手が有利になることが多い。景気が過熱すると、絵画や骨董品、不動産からワールドカップの放映権までさまざまなモノが経済合理性を超えた価格で取引されるようになる（これがバブルだ）。ひとの欲望が最高潮に達するのは、他人と競争しているときだ。バーゲン品に群がる主婦からMBAを持つ百戦錬磨のビジネスマンまで、「誰かがそれを欲している」というだけで、セリに出された商品（粗悪な洋服や赤字だらけの会社）にものすごい価値があると錯覚してしまう。

〈コミットメントと一貫性〉

チャルディーニの挙げた影響力の武器のなかで、返報性とならんで興味深いのが「コミットメントと一貫性」だ。これは簡単にいうと、「いちど決めたことは取り消せない」という法則だ。

社会のなかで生きていくためには、約束を守ったり、言動に筋が通っているのはとても重要だ。会うたびにいうことがちがうようでは、誰も信用してくれない。「前の話とちがうじゃないですか」といわれると、ぼくたちはとても動揺する。一貫性がない↓信用できない↓社会的に価値がない、という無意識の連鎖がはたらくからだ。

だからぼくたちは過去の判断をなかなか覆せないし、その判断と現状が矛盾することに耐えられない。要するに、失敗を認めることができない。

ひとがいかに容易に一貫性の罠に陥るかは、オウム真理教の信者にその典型を見ることができる。周囲の反対を押し切り、すべてを捨てて宗教の世界に身を投じた以上、彼らは無意識のうちにその決定を正当化する強い圧力を受けている。そのため拉致・殺人や毒ガス製造などの犯罪が明らかになり、論理的な思考では一貫性を保つことができなくなると、ついには現実世界を否定し、すべてはフリーメーソンの陰謀だと確信するにいたる。こうなると、もはやどのようなコミュニケーションも成立不可能だ。

マスメディアはこれを「オウムの洗脳」と報じたが、彼らは自分で自分を洗脳している。この状態が恐ろしいのは、けっして洗脳を解くことができないからだ。他人から注入された信念は否定することができるかもしれないが、自分で自分を否定するのは不可能だ。

いったんコミットメントしてしまうと、ひとはそこから逃れられなくなる。これはカルト教団だけの話ではない。恋愛でも就職でもマイホームの購入でも、ぼくたちはきわめて簡単に自己洗脳状態に陥り、過去の選択を正当化してしまうのだ。

ハワイでタダのディナーを食べられた理由《わけ》

米系のホテルチェーンが、タイムシェア方式のリゾート・コンドミニアムを販売している。たまたま泊まったハワイのホテルで誘われたので、説明を聞きにいった。タイムシェアというのは、別荘を買うほどの余裕がないひとのために、一週間の利用権をバラ売りするものだ。

説明係は、ハワイに魅了され三年ほど前に脱サラして家族で移住したという、とても感じのいい日本人男性だった。彼はいろんな苦労話も交えて、ハワイでの生活をざっくばらんに話してくれた（好意）。

最初はゆったりとしたロビーでコーヒーを飲みながら、余暇の過ごし方についての簡単なアンケートに答える。リゾートに来たのだから、ほとんどのひとは「いつかはハワイに住んでみたい」とか、「世界じゅうを旅行したい」とか、そんな夢を語るだろう（コミットメントと一貫性）。

次いで豪華なホテル専用車で、超高級コンドミニアムに案内される。ベッドルームが三つもあり、ラナイ（テラス）からは海が見渡せ、ゴルフコースまで併設されている。そのあとで、五万ドル（約五〇〇万円）くらいの、ちょっと頑張れば手が届きそうな物件が紹介される（コントラスト効果）。彼はここで、いまこそ夢を実現するチャンスだと強調しながら、タイムシェアを活用して余暇を楽しんでいるひとたちの例を次々と挙げた（社会的証明）。

さらにその場で、期間限定の割引や、滞在中に契約書にサインすればホテルから特別なギフトがあることが明かされる。人気の物件は残りわずかであることも、販売データとともに示された（希少性）。そして最後に、説明会に参加した謝礼として、三〇〇ドル（約三万円）のホテルクーポンが渡された（返報性）。

さすがアメリカの会社だけあって、〝影響力の武器〟のカタログのような、システマティックなマーケティングだ。でもいちばん効果的なのは、説明係の日本人が、心理テクニックによって顧客を誘導しているということをまったく自覚していないことだ。彼は善意のひとで、こころの底からその商品が素晴らしいと信じており、ただ会社のマニュアルに沿って忠実に営業しているだけなのだ。

ぼくはけっきょく、三〇〇ドルのクーポンだけもらって彼の申し出を丁重に断った。そんなことができたのも、チャルディーニの本を読んでいたからだ。知識というのは、いつどこで役に立つかわからない。

ついでにいっておくと、タイムシェアのリゾートはものすごく割高な買い物だ。「五〇〇万円でハワイに別荘が持てる」というと得な気がするが、一年は五二週だから、コンドミニアムをすべて所有しようと思えば二億六〇〇〇万円（五〇〇万円×五二週）。これならカハラ（オアフ島の超高級別荘地）にプール付きの豪邸が買える。タイムシェアとは、別荘の所有権を小口に分けることで顧客に割安という錯覚を与え、もとの値段の三倍から四倍で販売する〝心理ビジネス〟なのだ。逆にいうと、これだけぼろ儲けできるから、説明を聞いただけで三万円のクーポンを配っても元が取れる。

でもぼくは、こうしたマーケティング手法を否定するわけではない。騙されるひとがいるからこそ、ハワイで思わぬ豪華なディナーを楽しむことができたのだから。

「自分は特別」という妄想

チャルディーニが明らかにしたように、ひとの判断は無意識のうちに歪められていて、その偏向を利用して外部から意思決定を操作することができる。それを効果的に使ったビジネスが、マルチ商法だ。最近でも、高利回りで出資を集め、十分に儲けた頃に破綻するという手口で多くの被害者が出ている。ところでひとはなぜ、こんな子どもだましの詐欺にやすやすと引っかかってしまうのだろうか。

マルチ商法や投資詐欺が報道されても、ほとんどのひとは「被害者がバカだった」と解釈し、「賢い自分には関係のないことだ」と思って安心する。しかしいつまでたっても同じような犯罪がつづくのは、「賢い」はずのひとたちが次の被害者になっているからだ。

ひとはみんな、自分が特別だと思っている。地球上には七〇億人のひとが暮らしているが、自分はたった一人しかいないのだから、その臨場感は圧倒的だ。どれほど沈着冷静なひとでも、「自分を中心に世界が回っている」という錯覚からは逃れられない。

よくいわれるように、宝くじで億万長者になる確率は交通事故で死ぬ確率よりずっと低い。年末ジャンボ宝くじの一等当せん確率は一〇〇〇万分の一。それに対し年間の交通事故死亡者数は約五〇〇〇人で、一〇万人に四人、宝くじの当せん確率の四〇倍だ。ということは、ひとは原理的に宝くじを買うことができない。

　なぜかって？

　宝くじを買うひとは、一〇〇万分の一の出来事が自分に起こると信じている。だったら、その四〇倍も確率の高い出来事はもっと強く信じるはずだ。すなわち宝くじに賭けようとするひとは、交通事故で死ぬことを恐れて外出できない……。

　それでも宝くじ売り場に列をなすのは、ひとが確率を正しく評価できないからだ。認知の歪みによって、よいこと（宝くじに当たって億万長者になる）の確率は大きく、悪いこと（車に轢かれて死んでしまう）の確率は小さく評価されるのだ。

「うまい儲け話」にひとが簡単に引っかかるのは、「特別な自分には特別な出来事が起きて当たり前」と、こころのどこかで思っているからだ。だから、他人が騙された話は鼻で笑っても、自分に同じ「幸運」がやってくるとあっさり信じてしまう。

　いったん騙されると、こんどは自己正当化の圧力が加わる。夫が麻薬で逮捕されたお嬢さまタレントが話題になったけれど、周囲が反対すればするほどのめり込んでいくのは典型的な「ロミオとジュリエット効果」だ。障害が大きいほど恋は燃え上がり、あやしい話ほどひとは夢中になる。

　詐欺師やカルト宗教家は、被害者を魔法のように洗脳するわけではない。ちょっとした話術やトリックで、「もしかしたら本当かも」と思わせるだけだ。最初の仕掛けにはまってしまえば、あとは自分で自分を洗脳して、後戻りのできない状態へと勝手に追い込まれていく。

社会的知性がマルチ商法にはまる

「円天」はL&Gという健康食品会社が発行していた仮想通貨で、「使っても使っても減らないお金」と宣伝されていた。出資者が一〇万円を振り込むと、それと同額の円天が毎年、配当として支払われる。この円天は銀座などにある「円天市場」で使用することができ、布団や健康食品、着物などと交換できる。さらに解約の際には出資金の全額が払い戻されるから、円天で購入した商品は実質無料となる。

「L&G協力金」は、一〇〇万円を一口として、月額三パーセントの配当が三ヶ月ごとに振り込まれる（年利三六パーセント）。「振込あかり価格」というのもあって、五万円を一口とし、一八パーセントの手数料（九〇〇〇円相当）を支払えば、三年後に元本の倍の一〇万円が償還される（実質年利三四・六パーセント）。

これらの独創的な商品を開発した波和二《かずつぎ》は、一九七〇年代に米国系のマルチ商法を日本に導入した業界の大立者だった。その彼の元に梁山泊《りょうざんぱく》よろしく次々と仲間たちが集まって一九八七年にL&Gを設立、演歌歌手など有名人を広告塔にして巨額の資金を集めたものの二〇〇七年に破綻、二〇〇九年二月、会長の波をはじめ幹部たちが詐欺の容疑で逮捕された。

先に述べたように、貨幣空間でのもっとも賢い戦略は「しっぺ返し」だ。相手が協力すればこちらも協力し、相手が裏切れば裏切り返す。だがゲーム理論が証明するはるか以前に、ひとはこの戦略の有効性に気づいていた。社会的知性の高い成功者とは、しっぺ返し戦略によって上手に仲間を増やし、裏切り者を排除していくひとのことだ。

ところがマルチ商法は、この戦略の裏をかく。

「円天」の話を持ちかけられたら、誰だって最初はいかがわしいと疑うだろう。でもそれと同時に、友人や知人から有名芸能人の出演する無料コンサートに誘われて、「もしかしたら本当かも」と思いはじめる（特別な自分には、特別な幸運が訪れても不思議はない）。そんなときひとはふつう、しっぺ返し戦略を採用する。

あなたはまず、失ってもかまわないくらいのお金（一〇万円）を円天に出資する。すると翌月、一〇万円の円天が配当され、円天市場で商品と交換できる。そこで次に、L&G協力金に一口一〇〇万円を出資してみる。一ヶ月三万円の配当が年四回支払われるのだから、三ヶ月後に口座には九万円が振り込まれているはずだ。

このようなしっぺ返し戦略をつづけていくうちに、あなたは徐々にL&Gのことを信用するようになる。投資金額が大きくなるにつれて、無意識の自己正当化により、悪い噂は耳に入らなくなる。そして、素晴らしいアイデアを思いつくはずだ。

「一〇〇万円の投資で一ヶ月三万円の配当が受け取れるなら、一〇〇〇万円を出せば配当は月三〇万円。これなら働かずに暮らせるじゃないか」

このような〝合理的な〟推論によって、賢いはずのあなたは破滅へと向かっていく。いったいどこが間違っていたのだろう。

それはあなたが、社会的な関係のみに依存していたからだ。

「立派なひとが勧めるんだから間違いない」「友人が私を騙すはずがない」。

そんな理由で、ぼくたちはたくさんの大切な決断をしている。しっぺ返し戦略はとても有効なので、相手の「人格」だけを判断の基準にしてもたいていのことはうまくいく。でも練達の営業マンや悪賢い詐欺師にかかれば、いとも簡単に罠に嵌められてしまうのだ。

マルチ商法の被害者に決定的に欠けていたのは社会常識だ。預金金利が〇・一パーセントの時代に、元本保証で年利三六パーセントの投資商品など存在するはずがない。だけど多くのひとは、こうした経済（経済学ではない！）の常識にはまったく興味を持たず、楽してお金が儲かることを夢見て漫然と日々を過ごしている。

社会的な知性の高いひとは、他人を信用する。だけど、社会常識のないままに他人を信用するのは自殺行為だ。

どこまでもつづくマルチ商法の被害者の群れは、ぼくたちにそのことを教えてくれる。

＊

〝全身革命家〟赤尾敏は、昭和天皇崩御の翌年、一九九〇年二月六日に世を去った。ぼくが投票した参議院選挙は、彼にとって最後の政治の舞台となった。

こうしてぼくは、個人的な借りを返すことができた。その機会が与えられたことを、いまでもとても感謝している。

最後にちょっとひと言。返報性の原理はとても強力で、ぼくは理由もわからずに老右翼に一票を投じた。でもこれは、無意識のうちに行動を支配された、という話ではかならずしもない。

ぼくは赤尾敏が魅力的な人物だと思ったけれど、政治的な主義主張には同意できなかった。それと同時に過去の得票数から、彼が当選できないことを確実に知っていた。

それが、ぼくが投票したもうひとつの理由だ。

第4章

幸福になれるか？

1　君がなぜ不幸かは進化心理学が教えてくれる

いまはもう知らないひとの方が多いかもしれないけど、ぼくが高校生の頃は番長と呼ばれる不良がいた。番長はそれぞれの学校に一人で、最上級生のなかから選ばれる。番長グループはピラミッド型の組織で、世代交代によってメンバーは変わっていくものの、独自の文化と伝統は引き継がれていく。ヤクザや軍隊から企業、官庁までこうした組織はたくさんあるが、その原型みたいなものだ。

とはいえぼくの高校は進学校だったので、古きよきバンカラの伝統は形骸化し、その頃は不良の同好会みたいになっていた。ぼくはグループには入っていなかったけれど、麻雀のメンツが足りないときにしばしば呼び出された。

ぼくは一年生のときに理数系進学組のエリートクラスに入れられ、たちまち落ちこぼれて、二年で私立文科系のクラスに変わって彼らと知り合った。たまたま学校の近くの喫茶店にいたら、そこが彼らの溜まり場で、いきなり警察官がやってきてみんないっしょに補導されてしまったのだ。十日間の自宅謹慎を終えて学校に戻ると、彼らはぼくを仲間として迎えてくれた

（これを「箔がつく」という）。

彼らとつき合っているうちに、ぼくは不良の社会に厳密なルールがあることに気づいた。

当時、不良高校生の定番は、長ランと呼ばれる裾の長い学生服、ボンタンというぶかぶかのズボン、ぺしゃんこにつぶした薄い学生カバンだった。服装に関する規則は非常に細かくて、一般生徒は制服の裾がちょっと長いだけで校舎の裏に呼び出され、校則に準じた正しい服装に戻すか、タイマン（一対一の決闘）をはるかを迫られた。そこには「裏の校則」があって、番長グループに入らずに不良を気取るのは許しがたい敵対行為と見なされていた。

街にはいくつも雀荘があったが、学校別に縄張りが決められていて、他校の生徒が出入りすることは許されなかった。ただし一軒だけ、地元のヤクザが経営する雀荘があって、誰でも利用できる共有地になっていた。そこでは、背中に刺青を彫った男たちが大金を賭けて真剣勝負をやっていた。ぼくもときどき代打ちさせてもらったが、ヤクザと不良が出会うこうした場所で、見込みがありそうな若者を準構成員としてスカウトするのだ。

ぼくたちの時代の不良は、ものすごくわかりやすかった。ダサい学生服を着ている平凡な生徒（善良な市民）には、彼らはまったく関心を示さなかった。そのかわり不良っぽい格好をした生徒と街ですれ違うと、必ずガンを飛ばした。相手が目を逸らさないと、路地裏に連れ込んで取り囲み、金品を強請《ゆす》る。恐喝はお金が目的ではなく、服従の儀式と考えられていた。

ぼくはその当時イヌを飼っていて、電柱に小便をかけて縄張りを誇示したり、ほかのイヌとすれ違うときに吼えかかったりするのを見て、いつも不思議に思った。なんで人間とイヌが同じことをするんだろう。

もちろんぼくはそのとき、動物行動学のことなどなにも知らなかった。不良とそっくりなのは、じつはイヌだけではなかったのだ。

ヤクザも魚も縄張りを守る

動物行動学の古典となったコンラート・ローレンツの『ソロモンの指環』（ハヤカワ文庫NF）の冒頭に、「熱い血と情熱に燃えたぎる」魚たちの話が出てくる。

水槽のなかの闘魚（ベタ）は、ふだんはヒレをすぼめてうずくまる灰褐色の魚にすぎない。だがもう一匹の闘魚が近づくと、たちまち青や赤の美しい彩りに輝き出し、尾ビレやエラを広げ全身を震わせて相手を威嚇する。それが生か死かを賭けた「輝くような情熱のダンス」になるのは、相手を見ただけでは性別を見分けられないからだ。

二匹の闘魚が出会うと、体色の美しさを誇示する輪舞が始まる。一匹がメスなら、オスの華麗なパフォーマンスに圧倒されて、ヒレをすぼめて近寄っていく。二匹ともオスだと、儀式にも似た輪舞が延々と続き、興奮が最高潮に達すると突然、歯をむき出して相手に襲いかかる。

それに対してトゲウオは、いっさいの宣戦布告なしに、縄張りに近づいてきたオスをいきなり襲撃する。その激情は巣からの距離に反比例するので、逃げていく相手を追ううちにだんだん勇気が減っていく。一方、敗北者は自分の巣に近づくにつれて徐々に闘争心が高まってくる。そして突然身をひるがえすと、追跡者めがけて狂ったように突きかかる。

この振り子のような追跡劇を何回も繰り返しているうちに、両者は縄張りの境界で静止する。二匹のトゲウオは頭を下にした逆立ちの威嚇姿勢でにらみ合うが、もはや攻撃の意志は失われている。まるで、境界を画定して停戦するみたいに。

縄張りを守り、侵入者を撃退するのは鳥だって同じだ。

コクマルガラスはユーラシア東部に生息する小型のカラスで、ヒナから育てると人間にもよくなつく。チョックと名づけられたローレンツ家のコクマルガラスは、イヌのように飼い主の後をついて歩き、仲間の群れと交わっても必ず戻ってきた。そればかりか飼い主の世話をしようと、ミミズを噛み砕き、唾《つばき》とこねあわせた〝食事〟をローレンツ博士の口に押し込もうとした。

ところがそれほどよく馴れたコクマルガラスでも、ヒナを巣から出そうとした途端、ギャアギャアわめきたてながら襲いかかってくる。そしてこの「敵」を生涯覚えていて、けっして許すことはない。

ローレンツ博士は、カラスたちが「黒くてブルブル震えるもの」を攻撃する激情を持っていることを発見した。まだ羽毛が生えておらず、黒くないヒナを触っても攻撃は始まらない。だが博士がカラスたちの前で黒い水泳パンツを取り出したとき、彼らはいきなり襲いかかってきた。

カラスたちのこの激情は、捕食者から集団でヒナを守るためのものだ。巣が襲われたときに喚きながら集まれば、捕食者は気力を失うかもしれない。さらにその捕食者を記憶することで、新たな襲撃を事前に阻止することもできる。

ヤクザにとってももっとも大事なのは、トゲウオやカラスと同じく、縄張り（シマ）を守ることだ。彼らは自分たちのシマを常に巡回し、見知らぬヤクザや不良が出入りしていないか気を配り、シマ荒らしには生命をかけて闘う。

巣を持つ動物は、縄張りを守るために相手を攻撃する。これはその費用対効果を生き物たちが熟考し検討したからではなく、縄張りを守る遺伝子を持たない種が淘汰されてしまったからだ。これが進化論的に最適な戦略だとすれば、ヤクザがイヌと同じことをしていても不思議でもなんでもない。

抗争しないという抗争

『仁義なき戦い』は七〇年代を代表する実録ヤクザ映画で、広島の暴力団組長が獄中で書き綴った手記をもとに深作欣二が監督して大ヒットした。この作品が大きな反響を呼んだのは、ほんもののヤクザの世界がリアルに描かれていたからだ。金と欲をめぐる権謀術数が渦巻くなかで、敵対する組長たちは、いかにして武力衝突を回避し有利な立場を確保するかに右往左往していた。「抗争」の目的は武力によって相手を叩きつぶすことではなく、抗争しないことなのだ。

スコットランド西岸沖の孤島に住むアカシカは、秋の繁殖期になると、オス同士がメスをめぐって争う。

まずは立派な角を持つ大きくて強いオスが、ほかのオスを追い払ってメスのグループを独占する。

一頭のオスは二〇頭あまりのメスを支配するが、その財産を守るためには四六時中ほかのオスの侵入を見張り、戦って撃退しなくてはならない。そのストレスでエサを十分に食べることすらできず、繁殖期も終わりに近づく頃にはやせ衰えて弱ってしまう。

そうなると、メスをめぐって挑戦を仕掛ける若いライバルが現われる。だが彼らは、安易に戦いを始めたりしない。そのかわり、互いに絞り出すようなうなり声をあげる。

挑戦者がおもむろにボスに近づき、ひと声うなる。ボスは挑戦者にうなり返す。挑戦者はそこで引き下がるか、さもなくばさらに高い調子でうなり返す。ほんものの闘争がはじまる前に、こうした儀式が延々と繰り返されるのだ。

うなることは、アゴの筋肉を激しく震わせ、体力を消耗させる。相手よりも高く激しくうなることは、強さの証明だ。

若いオスにとって、かなわない相手と喧嘩して無駄に傷を負うのはバカバカしい。そこでうなり合いによって、相手にどの程度体力が残っているかを測定しようとする。ボスも同じで、喧嘩をするより、うなることで挑戦者を撃退したほうが効率がいい。

相手が自分と同じ程度しかうなれないと、若いオスは挑戦する価値があると考える。そこで相手の体格を十分に検分しようとにらみ合い、行ったり来たりし、それでも決着がつかないと、はじめて角を突き合わせるのだ（マリアン・S・ドーキンズ／前掲書）。

ヤクザも、これとまったく同じ原理を採用している。誰彼かまわず喧嘩を売っていたのでは、いずれは生命を落とすか、一生を刑務所で過ごすことになる。そこで刺青のような一目でわかる外見によって警告を与え、一般市民との無用の衝突を避ける。似たような外見の相手から挑戦の意志を示されると、まずは言葉でさんざん脅し合い、それでも決着がつかないとようやく実力行使に打って出るのだ。

ヤクザ社会の基本ルールは、既得権を尊重しほかの組のシマには手を出さないというものだ。ところが新興の組織は、実力でシマを開拓していかなければ生きてはいけない。こうして新旧の勢力がぶつかり合うと、抗争が起きる。

だが大規模な殺し合いは双方を消耗させ、第三者につけ込まれたり、公権力の介入を招くことになるのでめったに起きない。その代わり、組事務所に銃弾を撃ち込んで威嚇したり、大手の組織と手を結んで有利な和解を仕組んだり、実戦を避けながらすこしでも縄張りを拡大しようとするきわめて複雑な政治ゲームが繰り広げられる。

ヤクザのケンカがアカシカと似ているのも、もちろん偶然ではない。ヒトの政治ゲームはもうすこし複雑だが、チンパンジーのボス争いともなれば政治家の人事抗争とほとんど区別がつかない（フランス・ドゥ・ヴァール『政治をするサル』〈平凡社ライブラリー〉）。

アカシカもサルも人間も、もちろんほかのさまざまな動物たちも、長い進化の過程のなかで、同じような戦略を採用するようになったのだ。

エディプスコンプレックスはでたらめ

ぼくが大学生の頃はポストモダンの全盛期で、フロイトから引き継がれた精神分析が思想の最先端だった。

フロイトは無意識を発見し、そこにさまざまな欲望が抑圧されていると考えた。その抑圧された欲望の中核にあるのが、エディプスコンプレックスだ。これはギリシア悲劇『オイディプス王』からとられた造語で、男の子は母親に性的な欲望を抱くが、父親によってその欲望を禁じられ去勢の恐怖に怯える。

ぼくはこれを読んで、自分のなかに母親とセックスしたいという欲望があるかどうか考えた。

まったく思い当たらなかったので、抑圧されているにちがいないと思った。赤面するくらいバカだったのだ。

幸いなことに現在では、エディプスコンプレックスがまったくのでたらめだということが証明されている。

フロイトは、男の子の母親への欲望は生得的なもので、それを文化的に抑圧し近親相姦をタブーとすることで社会が成立していると考えた。でもそうすると、ヒトとほとんど同じ遺伝子を持ちながら文化的なタブーのないチンパンジーやオランウータンなどの類人猿は、近親相姦で子どもを産んでいることになる。

ところが詳細な野外調査によって、彼らがじつに巧妙な方法で近親相姦を避けていることが明らかになった。たとえば人間にいちばん近い類人猿ボノボは、思春期になるとメスが冒険的になり、故郷を離れてほかの群れに加わる。それに対して内気なオスは、母親とともに群れに残る。この〝無意識〟のプログラムによって、ボノボの兄弟姉妹が性交することはない。

遺伝学的には、近親相姦はきわめて不利な繁殖方法だ。

たとえば、ある集団の四パーセント（二五人に一人）が致死的な劣性遺伝子（嚢胞性線維症《のうほうせいせんいしょう》など）を持っているとしよう。彼らがランダムに結婚すると、夫婦二人が難病の遺伝子を持つ確率は六二五分の一（二五分の一×二五分の一）。さらに、子どもが両親から劣性遺伝子を受け継いで発病する確率は四分の一だ（遺伝子の鎖は二本あるから、精子と卵子の組み合わせは四通り）。ということは、この集団のうち難病で死ぬのは二五〇〇人に一人（六二五分の一×四分の一）ということになる。

兄と妹がそれぞれ保因者だったとしても、他人と結婚すれば、子どもが発病する確率は二五〇〇分の一。それに対して近親相姦のタブーがなく、保因者の兄と妹が子どもをつくったとすると、四分の一の確率で子どもは発病して死んでしまう。

この単純な確率計算から、近親相姦する種が進化の過程で淘汰されていった理由を知ることができる。ほとんどの動物と同じく、ヒトも生き延びるのに不利益な近親相姦を避ける方法を持っているはずなのだ。でも、どうやって？

じつはこの謎は、フロイトと同時代のフィンランドの人類学者エドワード・ウェスターマークがとっくの昔に解いていた。彼は、発達期にいっしょに過ごした男女は、血縁かどうかにかかわらず、性的魅力を感じなくなるということに気づいたのだ。

このウェスターマーク効果は、イスラエルのキブツで確認されている。キブツでは血縁関係のない男女が家庭を離れ、託児所でいっしょに育てられるが、幼なじみ同士が結婚することはまれだ。あるいは台湾の一部では、血縁関係のない幼女を養子にし、男の子といっしょに育てながら将来の嫁にするマイナー婚が行なわれているが、その後の経過を調べると、女性はたいてい結婚に抵抗し、離婚率は平均の三倍で、子どもの数は四〇パーセントも少なく、不倫も多かった（ジョン・H・カートライト『進化心理学入門』〈新曜社〉）。

ぼくたちの無意識にあるのはエディプスコンプレックスではなく、「幼年時代を共有した異性とのセックスを避けよ」という指令だったのだ。

セックス原理主義から遺伝子中心主義へ

エディプスコンプレックスに限らず、フロイトは人心を惑わすさまざまな仮説を提唱した。たとえば女の子は、自分にペニスがないのは罰せられ去勢されたからだと考える（ペニス願望）。ひとには相手を殺し自分も死にたいという死の本能（タナトス）がある……。

でもこういう魅力的なお話も、いまはほとんど相手にされていない。ぼくたちは進化の過程で、できるだけ多くの子孫を残すように最適化されてきた（だから君やぼくがいまここにいる）。そのなかで、メスがペニスを欲しがったり、理由もなく仲間を皆殺しにしたいと考える「本能」がどのような役割を果たしたのか、まったく説明できないからだ（もちろんそんなことをする生物もいない）。

フロイトは自ら「進化論者」を名乗った。無意識は進化の産物で、ひとのこころはこの「暗黒大陸」によって支配されていると考えたのだ。でも彼はダーウィンの進化論を誤解していて、ものすごくたくさんの間違いを犯した。彼の思想に影響された学者や治療者はもっと無茶苦茶な間違いをして、荒唐無稽なこころの神話がつくられていった（幼児期に悪魔教の儀式の生贄にされた体験が抑圧されていて、大人になって急に思い出して両親を訴えるとか）。このようにして、精神分析はオカルト療法の一種になってしまった。

フロイトの思想が一世を風靡したのは、その「セックス原理主義」が神経症をはじめとするさまざまなこころの不思議をうまく説明しているように見えたからだ。キリスト教圏では、精神分析医に私生活の秘密を告白することが、カソリックにおける神父への告解の近代ヴァージョンとして受け入れられたという事情もある。

ところがいま、精神分析に代わる新たな〝こころの原理〟が登場してきた。ダーウィンの進化論を、遺伝学や生物学、動物行動学、脳科学などの最新の成果を踏まえて検証し、発展させようとするもので、進化心理学（進化生物学、社会生物学）と呼ばれている。

ダーウィンの理論は、生物は自然淘汰によって、より効率的に子孫を残せるように進化してきたというものだ。長い進化の過程を生き延びてこなければいまここには存在しないのだから、これは考えてみれば当たり前で、コロンブスの卵みたいな話だ。この単純な理論で、キリンの首が長くなったり、クジャクの尾羽が絢爛豪華になったり、生物学的にはチンパンジーとたいして変わらないヒトがとてつもない知能を持つようになった理由がきちんと説明できる。

進化論はナチスドイツの宣伝に利用されたり、聖書の教えを否定する冒瀆と批判されたり、なにかと評判が悪いけれど、現代の進化論（新ダーウィニズム）はさまざまな知の領域を横断してとても洗練されたものになってきている。細かな部分ではいろんな論争があるけれど、いまではイスラム原理主義者や聖書原理主義者でもないかぎり、理論の骨格を否定する科学者はいない。

フロイトは無意識に抑圧された性の欲望によってひとのこころを説明しようとした。進化心理学は、こころが進化の歴史からつくられてきたという仮説からぼくたちの行動原理を読み解く。この〝遺伝子中心主義〟はとてつもなく強力な説明原理で、さらに困ったことに、（おそらくは）正しいときている。

フロイト理論は一世紀にわたって社会に大きな痕跡を残した。進化心理学はそれをはるかに上回る衝撃を、ぼくたちの未来にもたらすにちがいない。それがいいことか悪いことかは、まだわからないけれど。

こころというシミュレーション装置

こころとはなにか？　ギリシア・ローマの時代から、人類はずっとこの難問に取り組んできた。そもそも「私」っていったいなんだ？

イギリスの心理学者ニコラス・ハンフリーは、この謎にものすごくシンプルなこたえを見つけた。

チンパンジーのような高度に社会的な動物を考えてみよう。森の中でいきなりボスザルに出会ったら、どういう行動を取るべきか瞬時に判断しなくてはならない。挨拶（グルーミング）をして恭順の意を表わすべきか、それとも目を伏せてその場を立ち去るべきか。

いうまでもなく、これはケース・バイ・ケースだ。ボスザルの機嫌が悪ければ退散するのが正解だし、そうでなければ自分をしっかりアピールしておいた方が有利だ。でもそのためには、ボスの気分を忖度《そんたく》しなくてはならない。これはすなわち、外見（表情）から内面を読み解くというゲームだ。

進化論では、生存に有利な形質をもった個体がより多くの子孫を残す。相手の内面を解読する能力が生殖の機会を確保する条件になれば、それに長けた個体が選択されるにちがいない。そのためにもっとも効率的な方法は、相手の気持ちを映す鏡を自分のなかに持つことだ。そうすれば、相手の表情を鏡に映してみるだけで適切な判断を下すことができる。ハンフリーは、これがこころの機能だと考えた（『内なる目』〈紀伊國屋書店〉）。

こころというのは、相手の気持ちを知るためのシミュレーション装置だ。この機能を持たない個体は、仲間と上手につき合えなかったり、機嫌の悪いボスザルに近づいて殴られたりして、生殖のチャンスを手に入れることができない。だとすれば、いずれは群れの全員がシミュレーション装置を持ち、お互いのこころを読み合うようになるだろう。この相互作用から、自分や相手の内面（無意識の気分）が実体化していく。それをぼくたちは、「こころ」と感じるのだ。

ヒトが動物のこころを受け継いでいるのは、ぼくたちが表情（外見）にものすごくこだわることからもわかる。

道で誰かとすれ違うとき、ぼくたちは無意識的に相手の顔を見る。それによって、相手が自分に危害を加える意志がないことを確認しているのだ。日本だと、たいていのひとは黙って目を伏せる。アメリカだと、思いっきり白い歯を見せて笑いかける。表現の仕方は文化によって異なるけど、伝えるメッセージ（わたしはあなたの敵ではありません）は同じだ。

顔のなかでも、ぼくたちは相手の目にとくに引きつけられる。これは、相手から見つめられることがきわめて重要な情報だからだ。捕食動物は、獲物を襲う前にまず相手を見る。この視線に気づかなければ、すぐに食べられてしまう。あるいはその視線は、異性からのものかもしれない。これは、生殖のチャンスを教えてくれる。このようにしてぼくたちは、無意識のうちに相手の視線を感じる超高度なセンサーを持つようになった。

顔には、自由に動かすことのできる随意筋と、自分の意志では動かせない不随意筋がある（顎と鼻梁《びりょう》、額の筋肉がもっとも難しい）。ここからぼくたちは、自然な笑顔とつくり笑い、泣き顔とウソ泣きを敏感に見分ける。「目が笑ってない」のは、口元だけ微笑を真似ても、目尻の筋肉を動かすことができないからだ。

ぼくたちは、相手のこころを日常的に読み取っている。そしてそこから、自分のこころを構成する。この高度化したシミュレーション機能が自意識、すなわち「私」なのだ。

平等も格差も遺伝子に刻印されている

二頭のチンパンジーを、真ん中をガラス窓で仕切った部屋に入れ、片方にキュウリを与えるとすごくおいしそうに食べる。ところがもう一方のチンパンジーにバナナが与えられると、いきなり怒り出して、手にしていたキュウリを壁に投げつける。さっきまであんなにうれしそうだったのに。

霊長類学者のドゥ・ヴァールは、こうした観察結果からきわめて重要な発見をした。平等はチンパンジーにとって、けっして譲ることのできない「基本的猿権」なのだ。

ぼくたち人間も、「平等」に強いこだわりをもっている。人種差別でたくさんの血が流れるのも、バックパッカーがぼったくられたことに延々と文句をいうのも、同じ人間として平等に扱われていないと感じるからだ（もっとも先進国のバックパッカーは、自分たちが特権階級に生まれたという不平等を意図的に失念している）。

でも平等が遺伝子に刻み込まれた生得的な価値観なら、なぜ世の中は格差社会になるのだろう。それは、「格差」もまたぼくたちの遺伝子に刻印されているからだ。

初対面の二頭のチンパンジーを四角いテーブルに座らせ、どちらにも手が届くところにリンゴを置くと、互いに取り合う。負けがつづくと威嚇の表情を見せるが、喧嘩にはならない。互いに先取者に所有権があることを認めているからだ。

ところが同じことを何度も繰り返すうちに、どちらか一方がリンゴに手を出さなくなる。からだの大きさなどさまざまな特徴から二頭の間で自然に序列が生まれ、いちど階層が決まると、下位のチンパンジーは上位者にエサを譲るようになる（藤井直敬『つながる脳』〈NTT出版〉）。

保育園や幼稚園でも、子どもたちを集団で遊ばせるとごく自然に階層が生まれ、リーダーが決まる（とくに男の子の場合、この傾向は明瞭だ）。サルやヒトには、相手と自分の関係を測り、無意識のうちに支配したり従ったりする強力なちからが働いている。

人間の耳には、五〇〇ヘルツより低い周波数は意味のない雑音（ハミング音）としか聴こえない。ところがぼくたちが会話をすると、最初はハミング音の高さがひとによってまちまちだが、そのうち全員が同じ高さにそろう。ひとは無意識のうちに、支配する側にハミング音を合わせるのだ。

声の周波数分析は、アメリカ大統領選挙のテレビ討論でも行なわれている。一九六〇年から二〇〇〇年までの大統領選挙では、有権者は一貫してハミング音を変えなかった（すなわち相手を支配した）候補者を常に選んできた。わざわざ選挙などやらなくても、討論のハミング音を計測するだけでどちらが勝つかはわかってしまうのだ（ドゥ・ヴァール『あなたのなかのサル』）。

＊二〇〇〇年の大統領選では、ジョージ・W・ブッシュは対立候補のアル・ゴアにハミング音を同調させた（支配された）にもかかわらず当選を果たしている。だがこの年はまれにみる激戦で、得票数ではゴアの方が多かった（米国の大統領選では、総得票数ではなく州単位で獲得した選挙人の数で勝敗が決まる）。

一見対等のように見えても、ぼくたちは無意識のうちに支配と被支配の関係をつくりだす。それは、ヒエラルキーのなかでしか生きられない社会的動物の宿命みたいなものだ。

もちろんサルもヒトも上位者に唯々諾々と従っているのではなく、チャンスがあれば相手を出し抜こうと虎視眈々と狙っている。でもその一方で、社会のルールを破って共同体から放逐されれば確実な死が待っている。ぼくたちの一生は、自由と服従に引き裂かれているのだ。

ぼくたちが不幸な理由

進化心理学は、ぼくたちの行動や感情、宗教や道徳観を解読する強力な説明原理だ。でもここで、大きな疑問に気づいたひともいるだろう。

ダーウィンの思想は、ひとことでいえば次のようなものだ。

あらゆる生物は、遺伝子を後世に伝えるように最適化されている。

でもぼくたちは、もうたくさんの子どもを産まない。そればかりか、意識的に子どもをつくらない夫婦も増えている。戦前の日本では十人兄弟（姉妹）も珍しくなかった。それを考えれば、ものすごい変化だ。

少子化は日本だけでなく、先進国に共通の現象だ。ひとびとは豊かになると、子どもをつくらなくなる。でもこれは、明らかに遺伝子のプログラムに反している。ぼくたちは進化を止めてしまったのだろうか。

でもこれは、矛盾でもなんでもない。

遺伝子は、できるだけ多くの子孫を残すようにデザインされている。でもだからといって、ぼくたちはたくさんの子どもをつくることを目的に生きているわけではない。

生きる目的は、幸福になることだ。だからこれは、次のようにいうこともできる。

ぼくたちは幸福になるために生きているけれど、幸福になるようにデザインされているわけではない。

進化心理学では、ぼくたちの脳は進化適応環境（ＥＥＡ＝Environment of Evolutionary Adaptedness）に最適化されていると考える。ＥＥＡは、大雑把には狩猟採集の石器時代（更新世）のことだ。

社会環境はものすごい勢いで変わっていくけれど、進化のスピードはおそろしくゆっくりだ。その結果ぼくたちは、石器時代のこころを持ったまま、情報が光速で飛び交う超近代都市のアスファルトジャングルで暮らさざるを得なくなった。

愛情はもともと、オスとメスの関係を安定させ、より多くの子どもが育つ環境をつくるための進化の仕掛けだった。ところが避妊の技術が開発されたことで、セックスの快楽を生殖と切り離すことが可能になった。ひとびとはあいかわらず愛を求めているけれど、子どもは愛や快楽の獲得に必要不可欠なものではなくなった。

自由と平等は、近代を支えるふたつのイデオロギーだ。それはたんなる机上の空論ではなく、進化論的な整合性があったからこそ、普遍の価値として広く認められた。

でもぼくたちは、自分と相手が平等であるべきだと思いながらも、相手の支配を受け入れなくてはならないようにプログラムされている。階層社会に組み込まれながらもそこに安住することはできず、常に自由を求めてもいる。ひとは原理的に、自由も平等もどちらも手に入れることができない。進化心理学は、こうしてぼくたちを陰鬱な結論に導いていく。

ぼくたちの不幸は、ひとがヒトであるということにあらかじめ組み込まれているのだ。

2 ハッカーとサラリーマン

リーナス・トーバルズは一九六九年にフィンランドの首都ヘルシンキに生まれ、幼い頃から祖父の古い計算機で遊び、十一歳でプログラムを書きはじめ、二十二歳のときにオペレーティング・システム（OS）のカーネル（中核部分）を自作した。これが、フリーOSとして世界を驚かせたリナックスの原型だ。

リナックスはOSのソースコード（設計図）が公開されていて、誰でも自由に利用できる。そこで、世界じゅうのコンピュータおたく（ハッカー）たちがボランティアで改良に取り組み、さまざまな機能を付加し、バグを修正した。こうして進化をつづけたリナックスは、またたくまにウィンドウズに匹敵する安定したOSになり、なおかつフリー（無料）だったから、携帯電話をはじめとする電子機器に広く使われるようになった。

マイクロソフトは、ウィンドウズのソースコードを独占的に保有することで莫大な富を築きあげた。これに対してオープンソースのリナックスは、著作権を留保しつつ、ソースコードを無料で公開する。無料百科事典のウィキペディアや、検索をはじめメールやマップ、ビジネス用ソフトなどの諸機能を無料で提供するグーグルとともに、世界を変える新しい潮流「WEB2・0」として話題になった（梅田望夫『ウェブ進化論』〈ちくま新書〉）。でもここでのテーマは、コンピュータネットワークや情報通信技術じゃなくて、幸福な人生だ。

リーナスは、世界でもっとも幸せなひとのひとりだ。もちろん世の中にはたくさんの成功者がいるけれど、彼はそれまで誰もやったことのない方法で雲を突き抜けるほどの名声を手にし、ハッカーばかりでなく多くのひとたちを魅了した。

リーナスがOSを開発し、ソースコードを公開した理由は、たったひとつ。

それがぼくには楽しかったから

これはデイビッド・ダイヤモンドとの共著（小学館プロダクション）の題名で、その冒頭で「リーナスの法則」というのが提唱されている。リーナスは、人生にとって意味のあることは三つあり、それは段階を追って進化していくという。

第一段階は、生き延びること。人類はその長い歴史の大半を、メス（オス）を獲得して次世代に遺伝子を残すことに費やしてきた。

第二段階は、社会秩序を保つこと。ヒトは社会的な生き物だから、群れのなかでしか生きられない。集団のなかですこしでも高い序列を手に入れることが、彼らの人生の目的だ。テクノロジーが生存のための道具から、コミュニケーションのためのツール（情報技術＝ＩＴ）に進化したのは、生存から社会性へという移行を象徴している。

そして第三段階は、「楽しむこと」。豊かな社会では生存に対する不安は消滅し、テクノロジーによって広大なネットワーク空間にアクセスできるようになった。そうなれば、生きる目的は楽しむことしかない。

リナックスのプロジェクトは、最低限の衣食住を確保したハッカーたちが、インターネットを介して共同作業を行なう環境を手に入れたことで、はじめて成立した。リーナスは、お金や仕事とは関係なく、好きなことを純粋に楽しむことこそが人生の意味だという。ハッカーこそが、人類の進化の最終段階にはじめて到達した「選ばれしひとびと」なのだ。

ハッカーは所有権を大事にする

ハッカーたちはなぜ、リナックスに参加したのだろうか。コンピュータをいじってるだけで楽しいからか、カノジョがいなくてヒマを持て余しているからか、社会性の欠如でほかにできることがないからなのか。プログラマーのエリック・スティーブン・レイモンドは『伽藍とバザール』（光芒社）で、コンピュータおたくに対するさまざまな偏見を打ち破り、リナックスの秘密を明らかにした。ハッカーたちは、仲間内で「評価」を獲得するというゲームに夢中になっていたのだ。

レイモンドによれば、世間の通念に反して、ハッカーは各自が好き勝手なことをやっているわけではない。彼らはきわめて強い文化的禁忌（タブー）に従っている。たとえば、プロジェクトは無断で枝分かれさせてはならないし、勝手に変更することも許されない。さらには、あるる人の名前をプロジェクトの歴史やクレジット、管理者リストから除くのは、当人のはっきりした合意なしには絶対に行なわれない。なぜならオープンソースのプロジェクトには、なにものも侵すことのできない「所有権」が設定されているからだ。

十七世紀イギリスの啓蒙思想家ジョン・ロックは、正当な所有権は三つしかないと考えた。レイモンドは、三世紀以上も前のこの思想がハッカー文化に完璧に対応することを発見した。所有権を獲得するひとつめの方法は、誰もいない未開の地（フロンティア）を開拓すること。これは、プロジェクトを自ら創始することだ。

ふたつめは、正当な手続きを経て所有権が移転すること。プロジェクトの所有者が開発や保守作業に時間を割くことができなくなったとき、有能な後継者に引き継ぐことはしばしば行なわれる。

三つめは、放棄された土地を占有すること。所有者が消えたか興味を失ったソフトを見つけたら、自分が引き継ぐことにしたと宣言することで、所有権を獲得できる。

このなかで絶対的な所有権を主張できるのは、プロジェクトの創始者だ。リーナスはリナックス・プロジェクトの創始者だから、ほかの誰かが所有権を主張することはもちろん、プロジェクトを分岐させて自らの名前を冠することも絶対に許されない。このタブーはきわめて強力だから、もしそのようなことをする輩がいたら、ハッカー・コミュニティから永久に追放されてしまうだろう。

それに対して所有権の移転や占有は、さまざまなトラブルの原因となる。こうしてハッカー文化には、所有権の正当性に関する暗黙のルールが生まれた。たとえば所有権の移転が宣言されても、もとの所有者から異議申し立てがあればその移転は認められない。放置されたプロジェクトを占有する場合は、ニュースグループなどでそのことを広く宣言し、一定期間、異議申し立てがないことを確認しなくてはならず、その間に権利保持者が名乗り出れば、占有による所有権の獲得は否認される。こうしたハッカーたちの〝掟〟は、驚くべきことに、土地所有に関する英米慣習法とまったく同じなのだ。

オープンソースやフリーソフト（このふたつは主に商業利用を認めるかどうかで区別される）は、著作権や所有権を放棄することで誰にでも自由に利用できるようにする運動と考えられがちだが、レイモンドは、所有権（著作権）こそがオープンソース文化の原動力だという秘密を発見したのだ。

やさしい独裁者

ハッカーたちが所有権を〝自然権〟として絶対視するのは、所有者がいなければ評判の帰属先がなくなってしまうからだ。すぐれたプロジェクトには、ハッカー・コミュニティから名誉が与えられる。このときに所有者がわからなくなっていたり、複数の所有者がいるようだと、正しい評価ができなくなってしまう。だからこそ彼らは、こうした事態を避けるさまざまな文化的タブーを自然発生的につくりだした。

プロジェクトの分裂が嫌われるのは、分裂以前に貢献していたひとたちが評価上のリスクに晒されるからだ。非公式のパッチ（修正プログラム）の配布は、所有者たちを不公正な評判上のリスクに晒す。そしてきわめつきの「犯罪」は、こっそり誰かの名前をプロジェクトから外すことだ。

リーナスがハッカーたちから最大級の名誉を贈られたのは、オープンソースでOSを開発するという巨大プロジェクトを創始し、成功させたからだ。ところでなぜ、ハッカーたちはリーナスのプロジェクトに無償で参加し、膨大な時間を使って改良や保守に協力するのだろうか。所有権はリーナスしか持っていないのだから、それは一見、主と奴隷の関係みたいだ。

その秘密は、プロジェクトの所有者であるリーナスが、リナックス・プロジェクトの参加者を評価する権限を持っていることにある。リナックスのような超巨大プロジェクトになると、バグを報告するだけのユーザーから、基幹部分の改良に取り組むプログラマーまで膨大な数の参加者がいる。こうした参加者はプロジェクトのコミュニティのなかで評価され、重要な開発に貢献したと認められた者は、リーナスによってクレジットを与えられる。

ハッカーなら誰でも、リナックスのようなプロジェクトを自ら創始し、栄誉を一身に浴びたいと考えている。しかしそんなウマい話（フロンティア）がそう簡単に転がっているはずはなく、勇躍始めたものの誰にも注目されずに消えていくことも多い。そうであれば、矮小なプロジェクトの所有者になるより、リナックスのような注目度の高いプロジェクトに参加し、そこで名前をクレジットされた方がずっと高い評価を得られる。そのときに重要なのは、自分の貢献が正しく評価されるかどうかだ。

リーナスはしばしば、プログラマーではなく優秀なプロジェクトマネージャーにたとえられる。ハッカー・コミュニティは彼を、「やさしい独裁者」と呼んだ。リーナスの優れたところは、評価をめぐるハッカーたちのゲームの本質を理解し、謙虚かつ公正に参加者を遇し、ふさわしい地位を与えたことだ。これは典型的な評判獲得ゲームで、リーナスはその主催者として惜しげもなく黄金（評価）を分け与えたからこそ、世界じゅうの優秀なプログラマーたちをタダで働かせてOSを開発するという「奇跡」が可能になったのだ。

お金はゲームをだいなしにする

リーナスの法則では、豊かな社会ではお金よりも評判のほうがずっと魅力的になる。

お金は、量が増えるにしたがって魅力がなくなっていく。財布に一〇円しかないひとが一万円もらえばものすごくうれしいだろうけど、一億円の貯金があるひとが一万円儲けてもなんとも思わないだろう（経済学ではこれを、限界効用逓減《ていげん》の法則と呼ぶ）。

それに対して評判は、麻薬と同じで、いったん手にしたらもっと欲しくなる（限界効用が逓《てい》増《ぞう》する）。それに貯金とちがって、放っておくと時間とともに失われてしまう。お金よりもずっと貴重な資源なのだ。

この評判のことを、哲学者のヘーゲルは「他者の承認」といった。ひとは常に他者の承認を求めて生きている。誰からも認められなければ、どれほどお金があってもぜんぜん幸福ではないのだ。

リナックスが成功すると、リーナスのもとにはさまざまな儲け話が持ち込まれるようになった。たとえばあるロンドンの企業家は、リナックス関連企業に役員として名前を貸すだけで一〇〇〇万ドル（約一〇億円）を支払うと申し出た。もちろんリーナスは、この話を即座に断った。そんなことをすればオープンソースのリナックス・コミュニティは崩壊し、ゲームが終わってしまうのを知っていたからだ。

アメリカの心理学者エドワード・L・デシは、簡単な実験によって、金銭的な報酬でやる気がなくなるという奇妙な心理を証明した。

最初にデシは、ボランティアで実験に参加した大学生たちにパズルを解かせた。それが十分に面白いものなら、自由時間でもパズルをやり続ける学生がかなりいた。

次に、解いたパズルの個数に合わせて報酬を支払うことにした。すると学生たちは、自由時間には雑誌を読んだりして休憩するようになった。お金は課題に取り組むモチベーションを高めるのではなく、失わせたのだ。

パズルを解くのは、それが面白いからだ。ところが金銭的報酬を支払われると、パズルを解くことが仕事になってしまう。その結果、ゲームのルールが変わって、本来の「面白さ」がどこかに消えてしまうのだ(『人を伸ばす力——内発と自律のすすめ』〈新曜社〉)。

このことから、ハッカーたちがオープンソースやフリーソフトにこだわり、マイクロソフトとビル・ゲイツを毛嫌いする理由がとてもよくわかる。プログラミングに金銭が介入すると、ゲームがだいなしになってしまうことを彼らは本能的に知っているのだ。

もっともこれは、ハッカーたちが聖職者のようにあらゆる金銭的報酬を拒絶しているということではない。ぼくたちの時代にもっとも尊敬されるのは、〝好きなこと〟をやって高い評価を獲得し、莫大な富を手にする選ばれたひとたちだ。

元ビートルズのジョン・レノンは数々の大ヒット曲によって天文学的な報酬を得たけれど、「純粋であるべき音楽を金儲けで汚した」と非難されることはなかった。スポーツ選手も同じで、イチローやメッシを「金のために野球（サッカー）をしている」と邪推するひとはいないだろう。これは彼らが、自分の得意なことや好きなことに精魂を傾け、余人の到達できない高みに達したことを誰もが認めているからだ。この場合、お金はそうした成功（評判）にオマケとしてついてくるにすぎない。

リーナスをはじめ、プロジェクトで高位に列せられたハッカーたちも、その評判によって、リナックス以外の仕事で高い報酬を得ている。そのことについては、ハッカー・コミュニティはなにも問題にしない。優秀なプログラマーが高給を得るのは当たり前だからだ。

ゲームのルールを壊さずに金銭を受け取るのなら、それがどれほど巨額でも、ひとびとは喝采を送る。だが金銭的な成功を目的にゲーム本来の面白さを踏みにじると、どんなに社会福祉に貢献しても、（すくなくとも当事者のコミュニティでは）最低最悪の評価しか得られないのだ。

日本人は会社が大嫌いだった

年功序列と終身雇用を柱とする日本的経営にはいろんな問題があるとしても、総体として見れば、社員（サラリーマン）を幸福にするシステムだ。成果主義は労働者の競争を煽り、職場の協調性を破壊し、仕事のやりがいよりも効率を優先する――。これが労働政策を語る際の常識（ドグマ）で、ぼくもずっとそれを信じてきた。だから、日本の企業研究の泰斗、小池和男の『日本産業社会の「神話」』（日本経済新聞出版社）を読んだときは仰天した。

その驚きをわかってもらうために、まずは図4-1を見ていただきたい。アメリカの学者によってバブル最盛期の一九八〇年代後半に行なわれた、仕事の満足度に関する日米比較調査のいくつかの項目をグラフ化したものだ。おそらくほとんどのひとは、日本とアメリカのデータがすべて逆になっていると思うだろう。それほどこの調査結果は衝撃的で、ぼくたちの「常識」を根底から覆す。

リンカーン（カリフォルニア大学）とカールバーグ（南カロライナ大学）によるこの調査は、日本の厚木地区と米中西部インディアナポリス地区の製造業七業種の労働者それぞれ四〇〇〇人あまりを対象とした大規模なものだ。彼らは、日本とアメリカの仕事観にきわだったちがいがあることを明らかにした（ここでは、全一三項目の質問のうち四項目を引用する）。

「結局のところいまの仕事にどれほど満足ですか」との質問に対し、満足との回答は米で三四・〇％、日本はその半分の一七・八％。不満は米ではわずか四・五％に対し、日本はその三倍の一五・九％にのぼる。

「あなたの友人がこの会社であなたのような仕事を希望したら、あなたは勧めますか」の質問には、米では六三・四％が友人に勧めると答えたのに対し、日本はわずか一八・五％だけだ。

図 4-1　日本人はむかしから会社が大嫌いだった

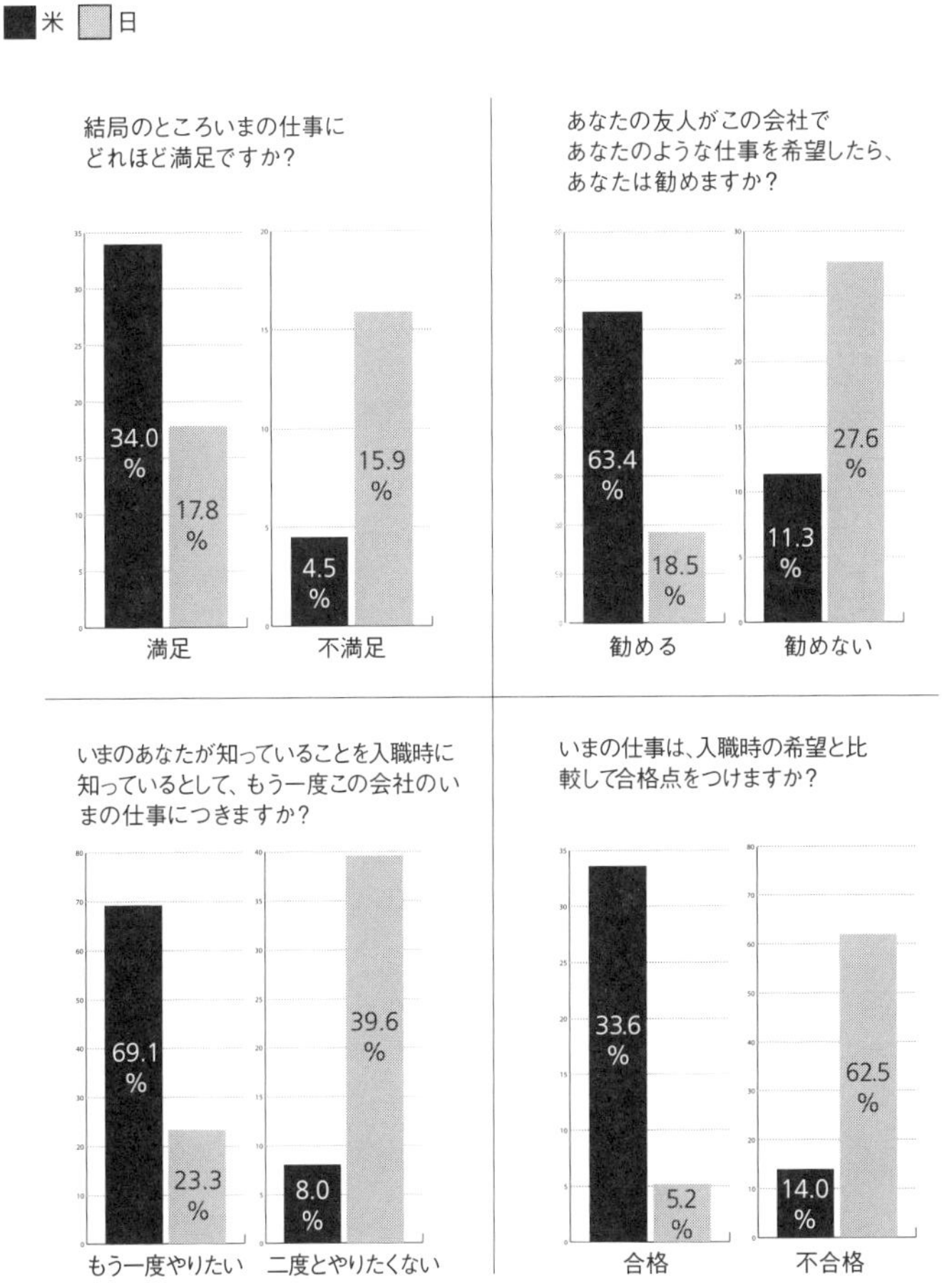

Lincoln, James R., & Arne L. Kalleberg [1990] Culture, Control, and Commitment- A study of work organization and work attitudes in the United States and Japan: Cambridge Univ. Press
小池和男『日本産業社会の「神話」』(日本経済新聞出版社) 記載のデータより作成

逆に勧めないと答えたのは、米が一一・三%、日本が二七・六%だ。

「いまあなたが知っていることを入職時に知っているとして、もう一度この会社のいまの仕事につきますか」の質問では、「もう一度やりたい」との回答は米ではじつに六九・一%、日本は二三・三%と三分の一にすぎない。「二度とやりたくない」は、米ではわずか八・〇%だが、日本は三九・六%と回答者の四割にものぼる。

「いまの仕事は、入職時の希望と比較して合格点をつけますか」に対しては、合格点は米三三・六%に対し日本はわずか五・二%にすぎない。否定にいたっては米の一四・〇%に対し、日本は六二・五%と過半数を超える。

もういちど繰り返すけれど、これは雇用崩壊が騒がれるようになった最近の調査結果ではない。八〇年代は日本企業が世界に君臨し〝ジャパン・アズ・ナンバーワン〟と呼ばれた時代であり、一方のアメリカでは、家族経営を信条としていたIBMやコダック、AT&Tなどの大企業が次々と大規模なリストラに追い込まれていた。それにもかかわらず、**アメリカの労働者のほうが日本のサラリーマンよりもはるかに仕事に充実感を持ち、会社を愛し、貢献したいと思っていた**のだ。

「日本的経営は社員を幸福にする」という、誰もが信じて疑わない「常識」はでたらめだった。日本人は、むかしから会社が大嫌いだった——。驚天動地とは、まさにこのことだ。

＊同書では、一九八四年から二〇〇〇年にかけて四回行なわれた電機連合の一四ヶ国比較調査においても、常識（神話）に反して、日本のサラリーマンが会社に対してきわめて冷めた感情を持っていたことが示されている。

日本的雇用が生み出す自殺社会

日本では九〇年代後半以降、年間三万人を超えるひとたちが自殺しており、人口十万人あたりの自殺率は旧ソ連圏とならんで世界トップクラスだ。その原因は「新自由主義による貧富の格差の拡大」とされるが、ぼくはずっとこの説明が不満だった。〝市場原理主義〟の本家であるアメリカの自殺率は、日本の半分以下しかないからだ（日本の自殺率二五に対し、アメリカ、カナダ、オーストラリアは一〇、イギリスは五）。

だが日本的経営の「神話」から自由になって、〝悲劇〟の原因がようやく見えてきた。高度成長期のサラリーマンは、昇給や昇進、退職金や企業年金、接待交際費や福利厚生などのフリンジベネフィット（現物給付）によって大嫌いな仕事になんとか耐えていた。ところが「失われた二十年」でそうしたポジティブな側面（希望）があらかた失われてしまうと、後には絶望だけしか残らない。このグロテスクな現実こそが、日本的経営の純化した姿なのだ。

小池は、これも「常識」に反して、日本の会社では米国よりもはるかに厳しい社内競争が行なわれていると述べる。

日本の会社は、社員という共同体(コミュニティ)によって構成されている。そこでの人事は、経営者や人事部が一方的に決めるのではなく、「あいつは仕事ができる」という社員コミュニティの評判によっている。日本企業が社員を極力平等に扱い、昇給の際のわずかなちがいによって評価を伝えるのは、「評判獲得ゲーム」が金銭の介在によって機能しなくなることに気づいているからだ(これが成果主義が嫌われる理由だ)。

米国型の人事制度は地位や職階で業務の分担が決まるから、競争のルールがはっきりしている。頂点を目指すのも、競争から降りるのも本人の自由だ。それに対して上司や部下や同僚たちの評判を獲得しなければ出世できない日本型の人事制度は、はるかに過酷な競争を社員に強いる。この仕組みがあるからこそ、日本人はエコノミック・アニマルと呼ばれるほど必死で働いたのだ。

日本的雇用は、厳しい解雇規制によって制度的に支えられている。だがその代償として、日本のサラリーマンは、どれほど理不尽に思えても、転勤や転属・出向の人事を断ることができない。日本の裁判所は解雇にはきわめて慎重だが、その反面、人事における会社の裁量を大幅に認めている(転勤が不当だと訴えてもほぼ確実に負ける)。解雇を制限している以上、限られた正社員で業務をやりくりするのは当然とされているのだ。

ムラ社会的な日本企業では、常にまわりの目を気にしながら曖昧な基準で競争し、大きな成果をあげても金銭的な報酬で報われることはない。会社を辞めると再就職の道は閉ざされているから、過酷なノルマと重圧にひたすら耐えるしかない。「社畜」化は、日本的経営にもともと組み込まれたメカニズムなのだ。

このようにして、いまや既得権に守られているはずの中高年のサラリーマンが、過労死や自殺で次々と生命を失っていく。この悲惨な現実を前にして、こころあるひとたちは声をからして市場原理主義を非難し、古きよき雇用制度を守ろうとする。しかし皮肉なことに、それによってますます自殺者は増えていく。

彼らの絶望は、時代に適応できなくなった日本的経営そのものからもたらされているのだ。

＊

日本的経営とハッカー・コミュニティは、「評判獲得ゲーム」という同じ原理を持っている。一見奇妙に思えるけれど、これは不思議でもなんでもない。モチベーションという感情も、愛や憎しみと同じように、進化という（文化や時代を超えた）普遍的な原理から生み出されるからだ。

でも両者には、大きなちがいがある。

世間から隔離された伽藍（会社）のなかで行なわれる日本式ゲームでは、せっかくの評判も外の世界へは広がっていかない。それに対してバザール（グローバル市場）を舞台としたハッカーたちのゲームでは、評判は国境を越えて流通する通貨のようなものだ（だから、インドの名もないハッカーにシリコンバレーの企業からオファーが届く）。

高度化した知識社会の「スペシャリスト（専門家）」や「クリエイティブクラス」は、市場で高い評価を獲得することによって報酬を得るというゲームをしている。彼らがそれに夢中になるのは、金に取りつかれているからではなく、それが「楽しい」からだ。

プログラミングにかぎらず、これからさまざまな分野で評判獲得ゲームがグローバル化されていくだろう。仕事はプロジェクト単位になり、目標をクリアすればチームは解散するから、ひとつの場所に何十年も勤めるなどということは想像すらできなくなるにちがいない。そうなれば、会社や大学や役所のようなムラ社会の評価（肩書）に誰も関心を持たなくなる。

幸福の新しい可能性を見つけたいのなら、どこまでも広がるバザールへと向かおう。うしろを振り返っても、そこには崩れかけた伽藍しかないのだから。

3 幸福のフリーエコノミー

幸福とはなんだろうか。

チベット仏教の活仏（観音菩薩の化身）ダライ・ラマは、「幸福とは人生の目的である」と端的に定義した。

開拓時代のアメリカの作家ナサニエル・ホーソーンは、「幸福は偶然やってくる。追い求める対象にしたら、決して得られない」と嘆いた。

ドイツの哲学者ショーペンハウアーは、「幸福とは奇怪な妄想で、苦しみこそが現実である」という不吉な言葉を残した。

ぼくの好きなのはアメリカの作家マーガレット・リー・ランベックの、「幸福とは旅の目的ではない。旅の方法である」という箴言《しんげん》だ。

幸福は主観的なものだから、ひとそれぞれちがうのは当たり前だ。それでも進化心理学の登場によって、ぼくたちはようやく「幸福」という蜃気楼の輪郭を捉えるところまで到達した。

無限の快楽をつくる技術

幸福の「科学的」定義はきわめて単純だ。

ヒトの感情は、進化の過程のなかで、自分の遺伝子を子孫に伝えるよう最適化されてきた（だからぼくたちは、いまここにいる）。

←

幸福や快感は、ヒトの感情のひとつだ。

←

だとすれば幸福は、個体の生存と繁殖を利するようにはたらいているにちがいない。

生存のためには、食べ物が必要だ。ヒトの歴史の大半を占める狩猟採集時代では飢えは日常で、食べることに貪欲な個体だけが生き残った。彼らの直系の子孫であるぼくたちが、食に強い快感や幸福を感じるのはそのためだ。

ヒトは有性生殖だから、繁殖のためには異性との性交が不可欠だ。子孫を後世に残すのに成功したのは、異性を獲得する強い衝動を持ち、子どもを産み育てた個体だけだ。だからぼくたちは、性や愛を激しく求める。
ところが科学が進歩し、食糧が安価に生産できる飽食の時代を迎えると、ヒトの幸福は奇妙なねじれを起こすようになった。アメリカの貧困地域では、いまや飢餓ではなく肥満が大きな社会問題になっている。社会的な成功への方途をすべて奪われ、その一方で安価な食糧（ジャンクフード）が無尽蔵に手に入るのなら、もっとも簡単に「幸福」を感じる方法はひたすら食べつづけることだ。

豊かな社会では子育てに大きなコストがかかるから、ひとびとは性を繁殖から切り離し、純粋な快楽として楽しむようになった。だが性の快楽とは、原理的には、異性との肉体的な接触ではなく、そこからもたらされる脳内の化学反応のことだ。だとすれば、リアルな恋人との面倒な関係を通じて快楽に到達するよりも、ファストフードのように便利で後腐れのないヴァーチャルなセックスが好まれるようになったとしても不思議はない。

いまでは美食もセックスも、お金さえ払えば好きなだけ手に入るようになった。こうした傾向は、最終的には、ドラッグやテクノロジーによる快楽へと収斂《しゅうれん》していくだろう。

大脳生理学では、視床の前にある中隔が大脳の快楽中枢で、ここを磁気によって刺激すると「一〇〇〇回のオーガズムが同時に襲ってくる」ほどの喜悦を感じることがわかっている。サルの頭部に磁気刺激装置を装着し、ボタンを押して中隔を刺激することを教えると、エサも食べずに餓死するまで狂ったようにボタンを押しつづける。ドーパミンやエンドルフィンのような快楽物質が放出されれば脳は生理的に快感を覚えるのだから、近い将来にはすべての快感が解析され、化学的に再現することが可能になるはずだ（技術的には）。

とはいえ誰もが知っているように、幸福はこうした生理的快感の集積のことではない。麻薬中毒者はすべての快楽を知っているかもしれないが、だからといって彼の人生が幸福だと思うひとはいないだろう。

幸福になるためには、快楽だけでは足りない。いったいなにが必要なんだろう。

大富豪とマサイ族

アメリカでは一九八〇年代から、幸福を心理学的に計測するという試みが行なわれている。これは厳密に科学的なものではないけれど、さまざまな調査によって、統計的にほぼ同一の傾向を確認できる（大石繁宏『幸せを科学する』〈新曜社〉）。

ある調査によれば、人生の満足度を七点満点とすると、アメリカのビジネス誌『フォーブス』に載った大富豪たちの満足度の平均は五・八だった。彼らは資本主義社会の頂点に立つ成功者で、豪邸やプライベートジェットなど、望むものはなんでも手に入れることのできるひとたちだ。

アフリカのマサイ族は、ケニアとタンザニアに住む半遊牧民で、必要最小限のものしかない貧しい暮らしをしている。同じ調査で、彼らの人生の満足度は五・四だった——目の眩むような大金は、ひとをたった〇・四ポイントしか幸福にはしてくれないのだ。

もちろんこれには、さまざまな解釈が可能だ。大富豪がマサイ族の村に行けば、自分はなんて幸福だと思うだろう。マサイ族の若者がニューヨークを訪れれば、極貧と不幸に打ちのめされるかもしれない。幸福感は相対的なものだからだ。

マサイ族が幸福なのは、家族や仲間との強い絆（愛情空間と友情空間）のなかで暮らしているからだ。それに対して貨幣空間の成功者である大富豪は、その成功ゆえに愛情や友情から切り離されて幸福を感じられなくなってしまう。でも彼の人生は、まだマシな方だ。

この調査によれば、世界でもっとも不幸なのはロサンゼルスなどの大都市で生きているホームレスだ。彼ら貨幣空間の敗残者は富も人間関係もすべて失ってしまい、自分たちより過酷な生活をしているインドのスラム街のひとたちよりはるかに幸福度が低い。

もっともこれは、それほど奇異な結果ではないだろう。お金が幸福の必要条件ではあっても、十分条件でないことは誰だって知っている。

ぼくたちがお金にこだわるのは、それが「安心」や「安全」という大切な価値と結びついているからだ。ヒトはずっと不安のなかで生きてきたから、安心を得ることは幸福の大事な条件のひとつだ。そして市場経済においては、この安心はお金で買うしかない。

日本国の財政が未曾有の赤字に陥り、少子高齢化で年金制度が破綻必至になったことで、この国を重苦しい不安が覆っている。老後を国家からの現金支給（年金）に頼っていたひとたちが、安心を奪われてしまったのだ。

でもこれは単純な経済問題だから、お金によって解決できる。財政破綻で年金の大幅減額が行なわれ、日本じゅうが大混乱になったとしても、宝くじで一億円当たったなら（当たらないけど）どうだっていいと思うだろう。幸福になるためにお金を求めるのは、きわめて合理的な行動だ。

ところが皮肉なことに、宝くじの当せん者を追跡調査すると、彼らがじつはあまり幸福になっていないことがわかっている。逆に、以前よりも不幸になることも多い。

宝くじに当たったという噂が流れると、つき合いのなかった親戚や同級生や幼なじみがぞくぞくとやってきて、少しでも分け前に与ろうとする。彼らを邪険に扱うと、これまでの近所づき合いや友人関係もいっしょに消えてなくなってしまう。このようにして、買い物や豪遊で賞金を使い果たす頃には、自分にはなにも残っていないことに気がつくのだ。

マサイ族の幸福は、一人ひとりが部族共同体から認知され、尊重されていることからもたらされる。それは彼らが、愛情空間と友情空間のなかに生きているからだ。

人生にとって大切なもの（愛情や友情）は貨幣空間では見つからない。これが、お金が幸福の十分条件ではない理由だ。

幸福になるためにはお金が必要だけど、お金は幸福をむしばんでしまう。マサイ族とちがって、高度資本主義に生きるぼくたちは茫漠とした貨幣空間を漂っている。だとしたらぼくたちの世界から、幸福は永遠に失われてしまうのだろうか。

バックパッカーのサーフィン

バックパックひとつで世界じゅうを旅するとき、これまではドミトリーと呼ばれる相部屋に泊まるのがふつうだった。ところがアメリカ人のプログラマー、ケーシー・フェントンは、休暇でアイスランドを旅行したとき、もっと安くて便利な方法があることを思いついた。アイスランド大学の学生一五〇〇人に、もしよければ泊めてもらえないか、とメールしてみたのだ。そうしたら驚いたことに、五〇人を超える学生から、「カウチ（ソファ）でいいならどうぞ」という返事がきた。

そこでフェントンは、カウチの交換をコミュニティにしたら便利なんじゃないかと思いつき、これを「カウチサーフィング」と名づけてホームページを開設した（http://www.couchsurfing.org/）。ここに登録すると、ホストとなって無料でカウチを提供したり、カウチサーファーとなってカウチを貸してもらったりできる。このホームページには二〇〇ヶ国一三〇万人のメンバーが登録されていて、カウチをサーフィンしながら宿泊費ゼロで世界じゅうを旅している。

なぜこんな仕組みが可能になったのだろうか。その背景には、誰かと部屋をシェアするのが当たり前、という欧米の若者たちの文化がある。朝起きたらルームメイトの友だちがカウチで寝ているなんて日常茶飯事だから、知らない人間がいたって彼らはたいして気にしないのだ。

でもこれは、当然のことながら、かなり危険な企てでもある。宿泊者がバックパッカーを装った犯罪者だったり、ホストが若者を狙う変態だったりする可能性があるからだ。そこでカウチサーフィングでは、登録者の評判をネット上で閲覧できるようにした。ホストやサーファーが利用後に相手を評価し、それが自己紹介欄に表示されるのだ。

いちどホームページを見ればわかるけど、メンバーの多くは実名と顔写真をアップしている。彼/彼女がポジティブな評価をたくさんもらっていれば、安心して泊まりにいくことができる（安心して泊めることができる）。宿泊依頼に応じるかどうかは自由だから、カウチサーフィングでは、誰もが相手に親切にして高い評価を得ようとする。すなわちこの仕組みでは、「親切」がゲーム化されている。

それ以外にも、カウチサーフィングで知り合った友だちのリストがアップされていて、メンバーの人間関係がわかるようになっている（評価の高い友人がたくさんいれば信用度も上がる）。主要メンバーによる保証制度（ヴァウチング）や、クレジットカードを使った身分確認の仕組みもある。こうしたさまざまな「評判」機能によって、二〇〇四年の開始以来何百万件もの利用があったにもかかわらず、トラブルはきわめて少ない（二〇〇九年に、香港人の女性カウチサーファーがイギリスのホストにレイプされたと訴える事件があった)。

こんなことが可能になるのは、インターネットの登場によってグローバルな人間関係が可視化できるようになったからだ。ネット上で知り合うだけではなくて、いまでは誰もが世界じゅうに〝リアルな〟交友関係をつくれるようになった。これは、スゴいことだ。

一期一会はぼったくりのチャンス

古着や古本から家具やオフィス用品まで、中古市場が拡大している。その一方で、リサイクルされずにそのまま捨てられてしまうものも多い。

ぼくたちが中古の家電製品をあまり買いたがらないのは、どんなに安くても、すぐに壊れてしまったらお金がムダになると思うからだ。洋服やバッグは、外見から品質をほぼ正確に判断できる。それに対して、中身がよくわからないものは中古品取引にはあまり適さない。

経済学ではこれを、「情報の非対称性」によって合理的な行動から非効率な市場が生まれるからだと説明する。

中古車取引では、その車の品質表示が信用できるのか、事故車を外見だけ取り繕ってごまかしているのかは、売り手にしかわからない。そのため買い手は、レモン(不良品)をつかまされるのを恐れて中古車に高いお金を払わなくなる。そうすると良心的な売り手は、高品質の中古車を市場に出すのをあきらめてしまう。このようなメカニズムで、売り手にとっても買い手にとってもメリットのない「レモン市場」ができあがる。

こうした問題を避けるもっとも簡単な方法は、信用のできる中古車販売店からしか買わないようにすることだ。限定された買い手と売り手からなる閉じられたネットワークでは、レモンを売った業者は悪い評判を流され、商売ができなくなってしまう。そのため人間性の如何にかかわらず、正直な商売をすることを強いられる。これならみんな、安心して取引できる。

メンバーを閉じられた共同体のなかに限定するのは裏切りを防ぐ伝統的な方法で、十一世紀の地中海商人（マグリブ貿易商）から江戸時代の株仲間、現代のヤクザまで、歴史や文化を超えて人類社会で広く使われている。

ヤクザ稼業でもっとも重い処罰は、絶縁状を回されることだ。ひとたび絶縁の通知を受けたら、敵味方を問わず、すべての組がいっさいの関係を絶たなければならない。これはきわめて厳格なルールで、これに違反すると敵対行為として激しい抗争に発展する。どこの組織にも相手にされなければヤクザとして生きていくことはできないから、どれほど理不尽でも組の掟には従わざるを得ないのだ。

ところがこの裏切り者感知システムを中古車売買に使うと、別の困った問題が発生する。ほかの業者がもっと質のいい中古車を安い値段で売っていても、買い手はそれを購入することができない。売り手も同じで、共同体の外にもっと高い値段で中古車を買ってくれる客がいたとしても見つけることができない。このように市場を人為的に閉じてしまうと、売り手も買い手もより大きな利益を得るチャンスを逃してしまう。閉じた市場は安心を提供するが、そのかわりにメンバーは多額のコスト（機会費用）を払わなくてはならないのだ。

この矛盾は、先に述べたように、しっぺ返し戦略の採用（信頼社会の構築）によって解決することができる。ただしそれは、両者の関係が長くつづく場合だけだ。

中古車売買では、同じ相手との取引はたいてい一度かぎりだから、買い手がしっぺ返し戦略（最初は信用する）を取れば、売り手にとっての最適戦略は、買い手の善意を逆手に取って不良品を高値で売りつけることだ。一期一会は、またとないぼったくりのチャンスなのだ。

このように情報の非対称性は、市場の効率性を阻害する。ところがこの問題は、ここ数年で劇的に解決されてしまった。情報が「フリー」になったからだ。

フリーが生んだ「評判」市場

『ワイアード』誌編集長のクリス・アンダーソンは『フリー　〈無料〉からお金を生みだす新戦略』（NHK出版）で「フリー経済」の到来を予言して大きな反響を呼んだ。

アンダーソンによれば、フリーの源泉は情報通信技術の急速な進歩にある。インテル共同創業者ゴードン・ムーアは半導体の性能が一八ヶ月ごとに倍になる「ムーアの法則」を唱えたが、記憶媒体（ハードディスク）の容量やデジタル通信（ネットワーク）の帯域幅はそれを上回るスピードで向上し、いまや情報処理のコストは無視できるほどまでに下がった（事実上タダになった）。こうして、かつては有料だった電子メールは無料のGメールになり、大量の映像がユーチューブやユーストリームで無料配信されるようになった。

情報空間がフリーになることで、評判が消費者の間で瞬時に共有されるようになった。

これまでなら、悪質な中古車販売業者は買い手に不良品を売りつけて儲けることができた。ところが自由《フリー》な「評判」市場が存在すれば、騙された買い手はその業者にマイナス評価という罰を与えるだろう。中古車を探しているほかの買い手は、業者の評判を検索することで、効果的に悪質業者を避けることができる。

業者の評判を投稿しても、買い手に経済的なメリットはない。しかし彼は、そのことによって業者に復讐し、正義を回復することができる。これはきわめて強力なモチベーションなので、騙された買い手は詳細な情報とともにその事実を「評判」市場で公開したいと考えるにちがいない。このようにしていまや、不特定多数の消費者に対して、だれもが簡単に「絶縁状」を回せるようになった。

そのうえフリー化した情報空間は、〝やらせ〟や〝なりすまし〟を排除し、「評判」市場を効率よくする自己組織化の能力も持っている。

「評判」市場がまだ小さければ、業者は高い評価を偽造したり、ライバル業者に低い評価をつけて足を引っ張ったりすることができる。だが評価の数が多くなると、こうした作為は簡単に見破られてしまう。たくさんのひとがそれぞれ勝手に主観的な評価を書き込むことで、客観的な評価が自然と定まるのだ（ジェームズ・スロウィッキー『「みんなの意見」は案外正しい』〈角川書店〉）。

「評判」市場の成立によって、買い手が自分の目で品質を判断できる商品だけでなく、中古車や電化製品・コンピュータなど、使ってみなければわからないブラックボックスの商品にまで中古品取引は拡大した。そればかりか、店頭で商品を見るまでもなく、インターネット上の画像や商品説明だけで取引が成立するようになった。買い手は、評価の高い売り手を選ぶことで騙されるリスクを回避できるからだ。

こうした仕組みを上手に利用して巨大なビジネスをつくりあげたのが、ヤフーやイーベイなどのネットオークションだ。そしてそれは、驚くべきことに、参加者の人格までも変えてしまう。

悪人が善人になるネットオークション

ひと聞きの悪い話だけれど、あなたはいまネットオークションで詐欺を企んでいる。でもあなたはまだなんの評価も持っていないから、このままでは高額の出品に入札してくれるお人好しは現われそうもない。詐欺で儲けるためには、なんらかの方法で高い評価を獲得しなくてはならない。

かつては仲間内で評価をかさ上げすることもできたけれど、いまは特定の相手から繰り返し評価を受けることは認められなくなった。抜け道がないわけでもないだろうけど、もっとも簡単なのは、少額の出品を繰り返し、まっとうに商売をして地道に評価を獲得していくことだ。

このようにして高い評価を得ると、高額な商品を出品できるようになるばかりか、同じ商品でも高い値段で落札されるようになる。オークションの参加者は、良心的な業者と取引できるならすこしぐらい余分に払ってもいいと思っているのだ。

こうしていよいよ、詐欺を働くには十分な評価が手に入った。いまなら液晶テレビなどの高額商品を出品し、入金されたとたんに全額現金で引き出して逃げることができる。でもその頃には、オークション業者としてそれなりの利益を出すことができるようになっているはずだ。

こうしてあなたは、ふたつの選択肢の間で悩むことになる。

ひとつは、予定どおり詐欺を実行して即座に大金をつかむこと。だがもし捕まれば、刑務所に放り込まれるかもしれない（ハイリスク・ハイリターン戦略）。もうひとつは、ここまで獲得した高い信用度を利用して、安定したビジネスをつづけること（ローリスク・ローリターン戦略）。

これはもちろん本人次第だけれど、ほとんどのひとは後者を選択するはずだ。ひとの心理は、損失が生じるとハイリスクを選ぶ（挽回しようとする）けれど、収益を得ている局面ではローリスクを好む（保守的になる）。でもそれ以上に、あなたにはもっと大きな誘引がある。このまま商売をつづけてより高い評価を獲得すれば、将来、より大掛かりな詐欺をはたらくことができるのだ。

ところでこの話は、じつは終わりがない。次の機会もあなたはこのふたつの選択で悩み、やはり正直を演じることを選ぶだろう。そしてその次の機会も……。このようにして悪意のある人間は、悪意を持ったまま、善人として一生を終えることになる。

こんな不思議なことが起こるのは、ネットオークションがネガティブ評価よりポジティブ評価に高い価値を置いているからだ。ネガティブ評価だけだと、悪評ばかりの参加者はさっさと退会して、別の名前で再登録できる。ところがポジティブ評価だと、評価のリセットはこれまでの財産をすべて失うことになるのだ（山岸俊男・吉開範章『ネット評判社会』〈NTT出版〉）。

ネットオークションの参加者には、悪意や善意とは無関係に、常に高評価を維持しようとする強いインセンティブが働いている。自由で効率的な「評判」市場では、誰もが高い評価を目指して善意のひとを演じ、その結果、善意のひとしかいなくなってしまう――それがユートピアかディストピアかはわからないけれど。

悪評が自己増殖する死の世界

社会的な生き物であるぼくたちは、好むと好まざるとにかかわらず「評判」社会に生きている。評判には、ポジティブなもの（好評）とネガティブなもの（悪評）がある。そしてこの単純な事実から、日本を覆う閉塞感の正体が見えてくる。

ネットオークションは、参加者をポジティブ評価することで詐欺などの犯罪を効果的に防いでいる。参加も撤退も自由な市場（バザール）では、ネガティブ評価は役に立たないからだ。ところが退出の許されない閉じられた空間（伽藍）では、ネガティブ評価がきわめて大きな効果を発揮する。いちど悪評を流されると、その評判から逃れることはできない。だったら参加者は、ポジティブな評価を獲得するよりも、ネガティブな評価を避け、相手に悪評を押しつけることに全力を注ぐようになるだろう。

ぼくたちは、こうした場所をとてもよく知っている。

学校は、短くても三年間、長ければ小学校から高校までの十二年間を同じ仲間と過ごす閉鎖空間だ。日本の会社は終身雇用だから、新卒で入社すれば四十年以上も同じ空間に閉じ込められたままだ。

いまやほとんどの学校に、生徒たちによって自生的につくられた裏サイトがあるという。そここにはクラスの評判（噂）が書き込まれるけれど、ほぼすべてがネガティブなもの（悪口）で、子どもたちは携帯を片時も話さず、自分の噂が流されていないかを確認しなくてはならない。フリーな情報空間では、よい評判も悪い評判も光の速さで流通する。ネガティブ評価が自己増殖を始めると、もはや止めようのないことを誰もが体験的に知っているのだ。

アマゾンの読者レビューはアメリカでは実名投稿が主流で、職業や大学名を記載したものも珍しくない。それに対して日本のアマゾンは、匿名によるレビューばかりだ。

世界最大のSNS（ソーシャル・ネットワーキング・サービス）であるフェイスブックは実名登録が原則で、顔写真を載せているユーザーも多い（宗教や政治的主張の入力欄もある）。日本版SNSのミクシィは、ユーザーの登録情報を実名にしたところトラブルが続出したため、匿名で登録しニックネームでやり取りするのが一般的になった。

2ちゃんねるに象徴されるように、日本のインターネットは圧倒的な匿名世界だ。それに対して英語圏では実名での投稿が当然とされていて、恥の文化の日本人と、子どものときから自己アピールを教育されたアメリカ人のちがいだと説明される。

でもこれは、教育や国民性、人種や歴史の話ではない。

アメリカでも、学校では匿名の陰湿ないじめが大きな問題になっている。日本でも、ネットオークションやレストランのレビューではごくふつうにポジティブ評価が行なわれている。べつに生まれつきアメリカ人がポジティブで、日本人がネガティブなのではなく、情報の流通する場によって態度を使い分けているだけなのだ。

多様性と流動性のあるバザールでは、ネガティブな評判を恐れる理由はない。不都合な評価を押しつけられたら、さっさとリセットして自分を高く評価してくれる場所に移っていけばいいだけだ。だからここでは、実名でポジティブ評価を競うのがもっとも合理的な戦略になる。

一方、いったん伽藍に閉じ込められたら外には出られないのだから、そこでの最適戦略は匿名性の鎧でネガティブな評価を避け、相手に悪評を押しつけることだ。日本はいまだに強固なムラ社会が残っていて、だからぼくたちは必要以上に他人の目を気にし、空気を読んで周囲に合わせようとする。伽藍の典型である学校では、KY(空気が読めない)はたちまち悪評の標的にされてしまうのだ。

日本は世界でもっとも自殺率が高く、学校ではいじめによって、会社ではうつ病で、次々とひとが死んでいく。情報革命はネガティブ情報をがん細胞のように増殖させ、伽藍を死臭の漂うおぞましい世界へと変えてしまった。

ぼくたちは生きるために、伽藍を捨ててバザールへと向かわなくてはならない。

大富豪たちの社交パーティ

フリーな情報空間は、人類がこれまで手にしたことのないまったく新しいものだ。でもそこで起きている新奇な現象や革新的なサービスは、すべて人間の本性に基づいている。なぜなら、大衆の求めるものしかネットの世界では生き残れないのだから。

グローバル規模の巨大な「評判」市場が誕生したのは、ぼくたちが他人を評価する（噂話をする）のが大好きで、他人からの評価や注目をものすごく気にするからだ。そして、みんなから好意的に評価されるととても幸福な気持ちになる。ヒトは社会的な動物で、旧石器時代やそのずっと昔のサルだった時代から、他人とつながりたいという衝動はぼくたちの遺伝子に深く刻み込まれてきた。それに対して貨幣は、農耕とともにわずか一万年ほど前に発明されたにすぎないのだ。

このことを、リーナス・トーバルズはちゃんと理解していた。ヒトの社会では、「評判」は貨幣よりもずっと価値が高い。評判が瞬時に広まるネットワーク社会が誕生して、その差はますます大きくなっている。

貨幣は情報の一種だから、貨幣空間とグローバルな情報空間は密接な関係を持っている。でもだからといって、評判が常に金銭的報酬と結びついているわけではない。カウチサーフィングは一円の利益も生まないけれど、それでも参加者は高い評価を得ることに夢中になる。なぜならそれで幸福になれるから。

このことを、もうちょっと具体的に説明してみよう。

モナコ公国のモンテカルロは毎年五月に行なわれるＦ１グランプリで知られているけれど、

それ以外にもバレエやコンサート、舞踏会などさまざまなイベントが催される。それに合わせて、地中海に面したモナコ港に世界じゅうの富豪たちが大型クルーザーで集まってくる。

全長一〇〇フィートを超える豪華なクルーザーは、プライベートジェットと並ぶ富豪の勲章で、最低でも一隻一〇億円はする。これに港の係留料金や維持費が加わるのだから、資産一〇〇〇億円を超えるビリオネアでもなければとうてい手が出せない。ぼくは今年の七月、国際花火フェスティバルに合わせてモナコに滞在したのだけれど、そんな大型クルーザーが港を埋め尽くさんばかりに停泊しているのは壮観そのものだ。

夕方になると、クルーたちがデッキにテーブルを並べ、真っ白なクロスを敷き、丹念に磨かれた銀のフォークやナイフを並べていく。午後八時を過ぎてようやく日が傾くと、イブニングドレスに身を包んだ美しい女性たちが招待状を手に集まってくる。富豪たちは一流の料理人を連れてきていて、花火を眺めながら船上パーティを催すのだ。

港のカフェでワインを飲みながらその様子を眺めていて、お金持ちも大変だとつくづく思った。もちろん一隻だけ見れば、どれも素晴らしい船にちがいない。しかしそんなクルーザーが数十隻も停泊していれば、素人のぼくにだって豪華なのがどれかすぐにわかる。評価は相対的なものだから、一〇億円の船だってここではビンボー臭かったりするのだ。

富豪たちは、自分の船に友人たちを招待し合って社交を楽しむ。そうすると、料理の味はもちろん、ワインやシャンパンの銘柄からクルーたちのマナーまで、すべてが相対評価で採点され、その評判リストが噂に乗って流れていく。高い評価を得た船は多くの招待客を集め、評判を落とした船は見向きもされなくなる。だから彼らは、招待客の返事に一喜一憂し、ささいなことにまで湯水のごとくお金を注ぎ込むのだ。

彼らが求めているのはただひとつ、社交界での評判だ。それはお金では買えないけれど、お金がなければ手に入らない。ヨーロッパ社交界の最高位であるセレブリティの仲間入りができるのだったら、彼らはなんだって差し出すだろう。

〝友情化〟する貨幣空間

フェイスブックは世界最大のSNS（ソーシャル・ネットワーキング・サービス）で、世界じゅうに五億人を超えるユーザーがいる。参加者は実名で登録し、顔写真を掲載し、趣味や仕事を公開して友人を募る。ゲームのルールは単純で、友人の数によって評価が決まる（たくさん友人がいればみんなから尊敬される）。

ツイッターにはフォロワーの数を表示する機能があって、自分のつぶやきを何人がフォローしているのかがわかるようになっている。オバマ大統領のような超有名人には膨大なフォロワーがいるけれど、無名でもつぶやきが面白ければフォローするひとは増えていく。いうまでもなく、より多くのフォロワーがいればより高く評価される。

大型クルーザーでモナコ港に乗りつける大富豪も、リナックスを改良するハッカーたちも、フェイスブックやツイッターの参加者たちも、評判の獲得という同じゲームをしている。ひとびとはものごころついたときから、学校や職場やサークルや党派の友人・知人、上司や同僚、敵味方のあいだで評判を求めて争っている。ぼくたちが他者の評価（承認）を求めるのは、幸福がそこにしかないからだ。

モナコの社交界の評判獲得ゲームには、選ばれたビリオネアしか参加資格がない。それに対してフリーな情報空間のゲームなら、誰だって参加できる。しかしだからといって、大富豪のゲームのほうがより大きな幸福をもたらしてくれるわけではない。

評判をめぐるゲームに序列はない。これは、とても大切なことだ。

誰からの評価を幸福と感じるかはひとによってちがう（すくなくともぼくは、社交界で評判になりたいとはぜんぜん思わない）。政治家や芸能人のように大衆の注目を集めたいひともいる。そうかと思えば、限られた友人や小さな趣味の世界の仲間がいればいいというひともいるだろう。幸福の絶対基準なんてものはなく、愛情空間や友情空間の構成は一人ひとり異なっている。それは遺伝や子ども時代の環境で決まる、運命としかいいようのないものだ。

こうして本書の議論は、最初の場所に戻ってきた。

高度化した資本主義社会では、論理・数学的知能や言語的知能など特殊な能力が発達したひとだけが成功できる。こうした知能は遺伝的で、意識的に〝開発〟することはできない。すなわち、やってもできない。

ところがその一方で、金銭的に成功したからといって幸福になれるとは限らない。ヒトの遺伝子は、金銭の多寡によって幸福感が決まるようにプログラムされているわけではないからだ。ひとが幸福を感じるのは、愛情空間や友情空間でみんなから認知されたときだけだ。

都市化と産業化によって、伝統的な友情空間（政治空間）は貨幣空間に侵食されてきた。もはやぼくたちは、かつてのムラ社会に戻ることはできない。でもその代わり、情報テクノロジーの発達によって、貨幣空間が〝友情化〟してきた。

自由《フリー》で効率的な情報社会の到来は、すべてのひとに自分の得意な分野で評判を獲得する可能性を開いた。だったら幸福への近道は、金銭的な報酬の多寡は気にせず（もちろん多いほうがいいけれど）、好きなことをやってみんなから評価してもらうことだ。

グローバルな能力主義の世界では、マックジョブが嫌なら「好き」を仕事にするしかない。とはいえ、好きなことで大金を稼げるのはビジネス能力に恵まれたごく一部のひとたちだけだ。これはものすごく不公平なことだけれど、しかたのないことでもある。

それでも能力があろうがなかろうが、誰でも好きなことで評判を獲得することはできる。だとしたら必要なのは、その評判を収入につなげるちょっとした工夫だ。

終章
恐竜の尻尾のなかに頭を探せ！

図5-1

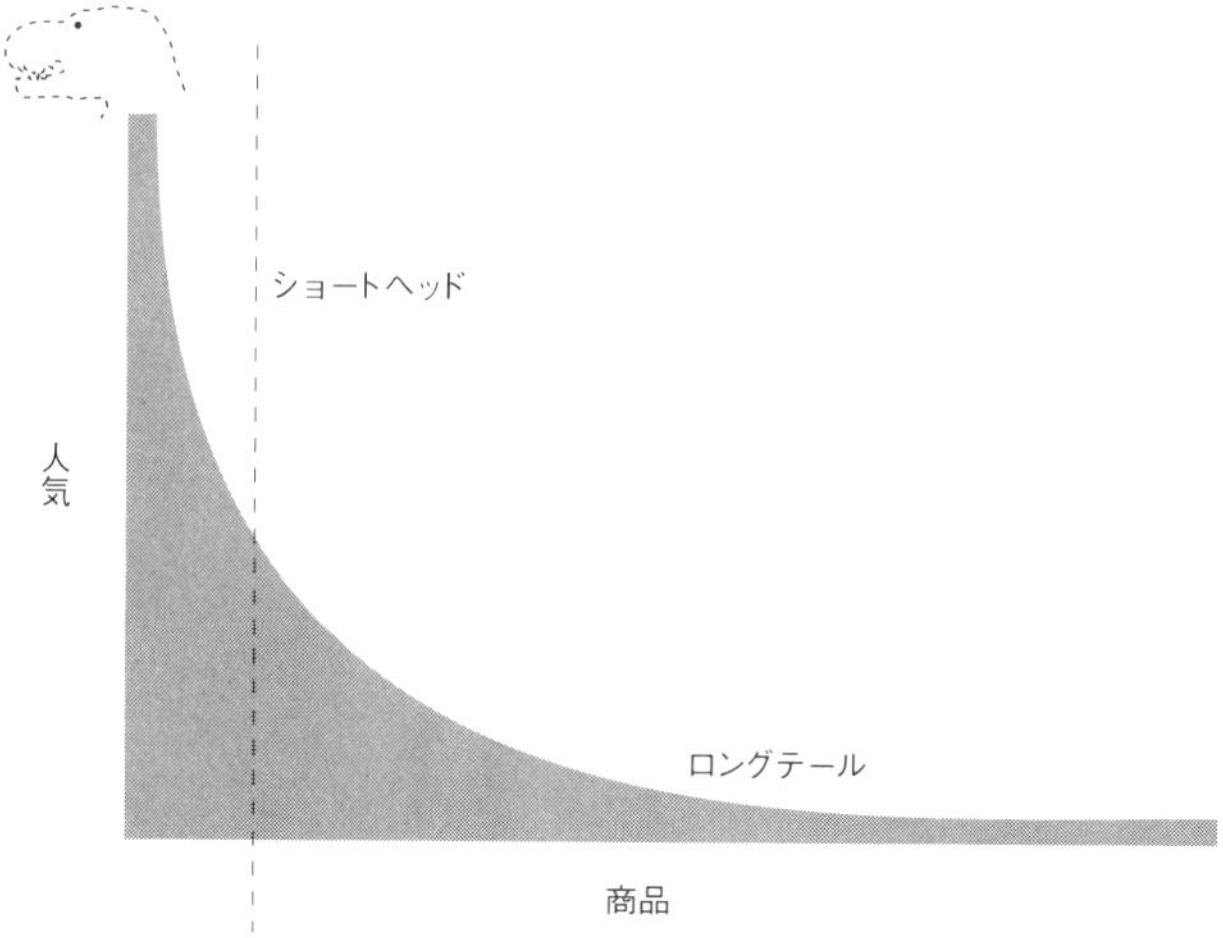

クリス・アンダーソンは、『フリー』の前作である『ロングテール』（早川書房）で、インターネット時代のニッチ市場に巨大な変化が起きていると述べた。それがロングテールで、図にするとこうなる（図5－1）。

iTunesのような音楽配信サービスでは、ごく少数のヒット曲に人気の大半が集中している。この部分を、恐竜の頭にたとえてショートヘッドという。それに対して尻尾（テール）には、あまり人気のない曲やぜんぜん知られていない曲がずらりと並んでいる。このテールはものすごく長くて、たとえばiTunesでダウンロードできる音楽は一二〇〇万曲を超えている（二〇一〇年現在）。

これまでのレコード店は品揃えに物理的な限界があったから、ショートヘッドで商売するしかなかった。アメリカの典型的な音楽小売業者では、上位二〇〇タイトルで販売数の九〇パーセントを占めている。こういう商売では、有象無象のロングテールの作品はこの世に存在しないのと同じだった。

ところがハードディスクの記憶容量が飛躍的に増大したことで、インターネット上のレコード店は在庫をほぼ無料で保管できるようになった。だったら、販売予測や損益分岐点なんか気にしないで、インディーズだろうが素人バンドのデモテープだろうが、どんな曲でも「店頭」に並べてしまえばいい――どうせタダなんだから。

さらに定額制の無線通信や光回線の普及で、利用者はコストを気にせず音楽をダウンロードできるようになった。そうすると、最初はショートヘッドの曲ばかり聴いていたユーザーの一部が、たまには別の曲にトライしてみようと思うようになる。こうしてテールの曲にもすこしずつファンがついて、ニッチな市場から利益が生まれる。たとえばデジタル・ジュークボックスのイーキャストでは、一万枚のアルバムのうち、三ヶ月に少なくとも一枚は売れるアルバムが九八パーセントもある。在庫や販売の流通コストがゼロになれば、商品を売れ筋に絞り込むのではなく、テールを伸ばせるだけ伸ばすことが収益を最大化するのだ。

ロングテールは、音楽流通だけでなく制作サイドにも変革を促す。大手レコード会社がこれまでショートヘッドに経営資源を集中してきたのは、大ヒットでなければ投資資金（オフィスの家賃や社員の人件費、株主への配当）を回収できなかったからだ。彼らは全国のレコード店を組織化し、流通網を支配することで効率的に商品を店頭に並べ、大規模な宣伝でマスマーケットを開拓しようと躍起になってきた。

ところがフリーなデジタル市場では、音楽の流通網はすべての制作者に開放されている。そうなると、これまでCDを販売できなかったインディーズも、自分たちの音楽をユーザーに届けることができる。彼らはもともと投資資金（コスト）が少ないので、限られたダウンロード数でもじゅうぶん元が取れるのだ（あるいは曲を無料で配信し、コンサートの集客につなげることもできる）。

このようにIT技術の進歩は音楽業界の風景を一変させてしまったのだけれど、ここでのテーマはアマゾンやアップルのビジネスモデルではない。問題は、それがぼくたちの人生にどのようにかかわるかだ。

雪の結晶

雪の結晶を顕微鏡で観察すると、結晶の一部が、もとの結晶と同じように複雑なかたちをしていることがわかる。全体と部分が自己相似になっているこうした図形を、フラクタルという。ロングテールも、フラクタルの一種だ。

音楽ビジネスのショートヘッドには、ビートルズやマイケル・ジャクソン、ブリトニー・スピアーズやアヴリル・ラヴィーン（日本ならサザンやハマサキ）のような誰もが知っている超有名人が並んでいる。だったらそれ以外はただのごった煮かというと、そんなことはない。ロングテールはさまざまなジャンルで構成されているからだ。

大衆にもっとも人気のある音楽ジャンルはポップスで、有名ミュージシャンの大半はここに陣地を構える。しかしそれ以外に、テクノ、グランジ、パンク、ヒップホップからヘヴィメタル、プログレ、オールディーズまでいろんな音楽ジャンルがあって、それぞれに人気者（ショートヘッド）がいる。テクノ系のダンスミュージックは、ハウス、ハードコア、トランス、ガバなどのサブジャンルに分かれていて、そこにも熱烈なファンを持つバンド（ショートヘッド）と、誰も知らないロングテールがある……。

こうしたジャンル分けは理論上はどこまでもつづくので、無限のロングテールを持つ市場では、いずれは誰もがショートヘッドになる。それはたとえば、こんな感じだ（258ページの図5－2）。

インターネットは複雑系のスモールワールドで、そこではグーグルやヤフーのようなハブになるサイトが膨大なトラフィックを集める一方で、ほとんどアクセスのないサイト（ロングテール）が無数にある。市場も同じスモールワールドで、ミュージシャンや映画監督、小説家、デザイナーからグローバル企業のCEOまで、才能と幸運に恵まれたごく一部がマスマーケットの人気を独り占めにする。これがよくいわれる「勝ち組」「負け組」の構図だ。

でもロングテールのフラクタル構造に注目すると、話はすこしちがってくる。「負け組」と

図5-2　ロングテールのフラクタル

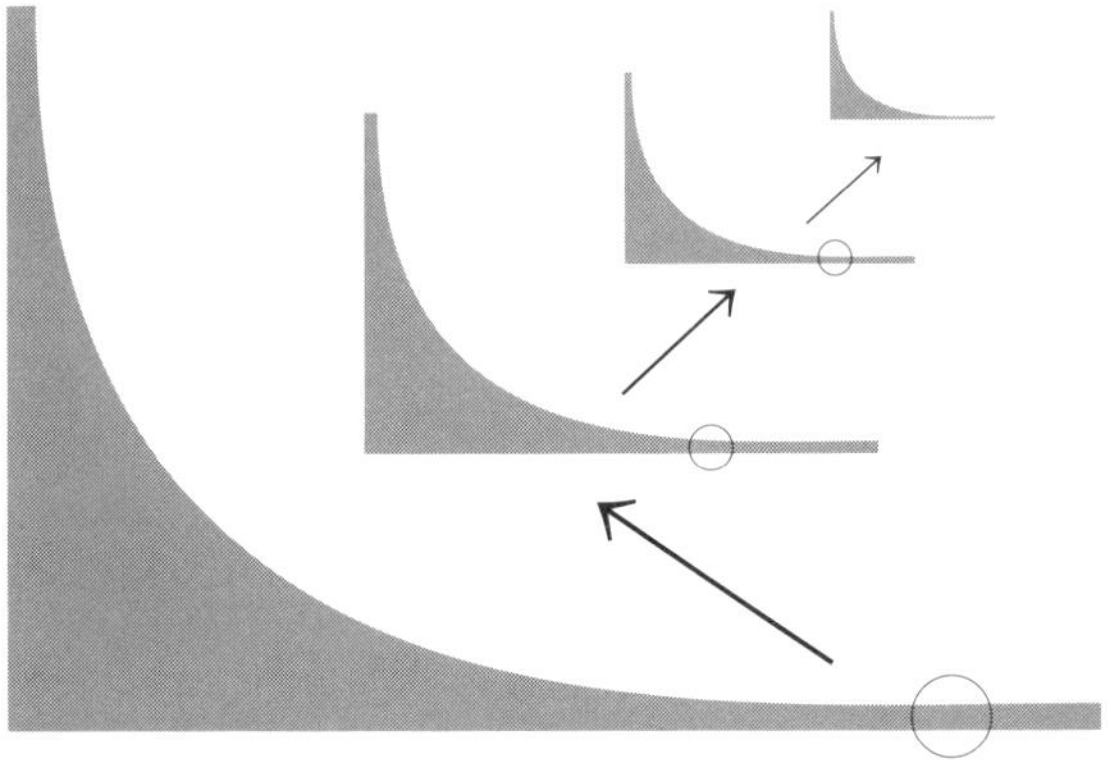

ひとくくりにされるサブジャンルのなかにも「勝ち組（ショートヘッド）」がいて、さらにそのサブジャンルのテール部分に虫眼鏡を当てればやっぱり「勝ち組」が見つかるからだ。

ロングテールの世界では、その構造上、サブジャンルがメインジャンルを超える人気を集めることはない（ジャンルとしての人気に変遷はある）。でもそのことで、メインジャンルが「勝ち組」、サブジャンルが「負け組」ということにはならない。アンダーグラウンド・レジスタンス（アメリカのテクノ・ユニット）はマドンナより人気がないけれど、だからといってマドンナの方が音楽的に優れているということはできない。テクノファンは、鈍重で退屈なポップスよりも、自分たちの音楽の方がはるかに時代の先端をいっていると思うだろう。

好きな音楽はみんなそれぞれちがっていて、異なるジャンル（グランジロックと演歌）のあいだで優劣を争っても意味はない。だったら大事なのは、マイケル・ジャクソンのような時代のアイコンを目指すことではなくて（どうせ無理だから）、自分の好きなジャンルでショートヘッドになることだ。

君にふさわしい場所

ところで、ひとはなぜ特定の音楽ジャンルやミュージシャンを好きになるのだろう。もちろん理由なんかなくて、無意識のうちに引き寄せられるからだ。そしてそこには、同じように引き寄せられた別の誰かがいる。ひとの脳は共通の土台（遺伝子）から組み立てられていて、趣味嗜好のバリエーションには限りがある（音階やリズムには人類に普遍的なルールがある）。地球上には七〇億人ちかいひとが暮らしているのだから、人類の突然変異（ニュータイプ）でもないかぎり、どれほど奇妙奇天烈《きてれつ》な音楽でも君と同じ好みのひとが一定数いるはずだ。

このようにしてニッチ市場が成立すると、マニアのコミュニティのなかで、評判を頼りに新しい曲を探していくことが可能になる。iTunesには一二〇〇万曲を超える音楽がアップロードされていて、それをランダムに聴いていたのでは、お気に入りのミュージシャンに出会うまでに寿命が尽きてしまう。それでもぼくたちがこの深い森で迷わないのは、ジャンルで探索空間を限定し、評判をコンパスにして目的地に到達できるからだ。

これは音楽だけのことではなくて、小説、映画、マンガ、アニメ、ゲーム、ファッションなどあらゆる市場にニッチがあり、そこにはカッコいいとか好きとかの感覚を君と共有するひとたちが集まっている。君は彼らに引き寄せられると同時に、引き寄せる魅力を持っているから、それを上手にビジネス化することで「好きを仕事に」できる。

もっともそのビジネスはあまりに規模が小さくて、まともな会社は相手にしてくれないかもしれない。でも、流通コストがゼロになった「フリー経済」なら大丈夫。自分でやればいいだけのことだ。

アメリカの有名大学でMBAを取得した優秀なひとたちが、最新のマーケティング理論を引っ提げて起業に挑戦するけれど、ほとんどは失敗する。それは彼らが儲かることをやろうとして、好きなことをしないからだ。

それに対して「好き」を仕事にすれば、そこには必ずマーケットがあるのだから空振りはない（バットにボールを当てることはできる）。ほとんどのひとは社会的な意味での「成功」を得られないだろうけど、すくなくとも塁に出てチャレンジしつづけることはできる。

もちろんこれは、すべてを解決する万能の処方箋《せん》じゃない。バイク便ライダーは、「好き」を仕事にしているけれど、数年で身体をこわして辞めていく。いったいどこが間違っているのだろう。

それは彼らが、「好き」をビジネスにする仕組みをバイク便会社に依存しているからだ。会社はライダーたちを搾取しているわけではないけれど、彼らの幸福のために存在するわけでもない。

「好き」を仕事にしたいのなら、ビジネスモデル（収益化の仕組み）を自分で設計しなくてはならない。グーグルやアップルやアマゾンやその他さまざまな新時代のサービスが、そのためのインフラを用意してくれている。それを活用して幸福の新しい可能性を見つけられるかどうかは、君次第だ。

＊

地球の生態系は想像を絶するほど多様で、標高五〇〇〇メートルの高地にも、深さ六〇〇〇メートルを超える超深海にも生き物は暮らしている。生物は自分に適したニッチ（生態的地位）を見つけることで、過酷な進化の歴史を生き延びてきた。

七〇億のひとびとが織りなすグローバル市場も、地球環境に匹敵する複雑な生態系だ。伽藍を捨ててバザールへと向かえば、そこにはきっと、君にふさわしいニッチがあるにちがいない。

あとがき

この本は、自己啓発のイデオロギーへの違和感から生まれた。

能力に恵まれた一部のひとたちが、その能力を活かして成功を目指すのになんの文句もない。でもぼくは自分が落ちこぼれだということをずっと自覚してきたから、「努力によって能力を開発しよう」といわれるとものすごく腹が立つ。その一方で、「能力がなくても生きる権利がある」とナイーヴにいうこともできない。いくら権利があったって、お金が稼げなければ生きていけないのだから。

誰もがうらやむ成功を手にできるのは限られたひとで、ぼくたちの大半はロングテールで生きていくほかはない。市場での居場所が小さくなるほど売上は減るから、それに応じてコストを引き下げなくてはビジネスは成立しない。その下限は、自分と家族が生きていくための生活費になるだろう（もちろんサイドビジネスや趣味として「好き」を仕事にすることはできる）。

そう考えれば、ロングテールのビジネスは会社ではなく個人のためのものだ。

「雇われること」をやめて個人でビジネスをすることをフリーエージェントという。フリーエージェントが法人化したものが、マイクロ法人だ。ロングテール時代のビジネスの主役は、恐竜みたいな大企業ではなくて、フリーエージェントとマイクロ法人になるだろう。

「好き」を仕事にしたいひとたちのために、『貧乏はお金持ち』（講談社）で、フリーエージェントやマイクロ法人のファイナンスと税務の基本を紹介している。会社や国家のくびきを離れて、自由な大海原に帆を上げるときには、こうした知識がきっと役に立つはずだ。

この本を踏み台にして、ひとりでも多くのひとがバザールのなかで恐竜の頭を見つけることができたなら、これほどうれしいことはない。それこそが、残酷な世界を生き延びるたったひとつの方法なのだから。

これはたんなる社交辞令ではない。

ここまでぼくの話を聞いてくれたのだから、君はぼくに似ているのだ。

二〇一〇年九月

橘　玲

残酷な世界で生き延びるたったひとつの方法

二〇一〇年 九 月三〇日 第一刷発行
二〇一〇年一〇月一〇日 第二刷発行

著者 橘 玲

発行者 見城 徹
発行所 株式会社 幻冬舎
〒一五一-〇〇五一 東京都渋谷区千駄ヶ谷四-九-七
電話 〇三(五四一一)六二一一(編集)
〇三(五四一一)六二二二(営業)
振替 00120-8-767643
印刷・製本所 株式会社 光邦

ISBN978-4-344-01885-3 C0095 Printed in Japan
幻冬舎ホームページアドレス http://www.gentosha.co.jp/
この本に関するご意見・ご感想をメールでお寄せいただく場合は、comment@gentosha.co.jp まで。